小学校

読んだ！ 試した!! 大成功!!!
どの子も参加したくなる
希望の授業づくり

監修：久田敏彦
編著：上野山小百合・甲斐真知子・土佐いく子・山口妙子

フォーラム・A

どの子も参加したくなる　希望の授業づくり

目次

第3章 Chapter 3 子ども理解 50

第4章 Chapter 4 授業 66

第5章 Chapter 5

参観・懇談会

第1章
教室環境

掲示物の
はがれは

黒板は
ピッカピカに

次の授業準備を
してから

忘れ物、
叱るのではなく

掲示物のはがれはありませんか／黒板はピッカピカにして気持ちよく／ロッカーや道具箱の整理整頓は時間を取って一斉に／授業の始めと終わりを教師が守ろう／次の授業準備をしてから休み時間に／忘れ物、叱るのではなく困らない対策を／忘れ物をよくする子の背景を考えて、対策を／子どもが喜んでとりくむ宿題の工夫　（低学年）／子どもが喜んでとりくむ宿題の工夫　（中学年）／子どもが喜んでとりくむ宿題の工夫　（高学年）／宿題忘れを防ぐこんな方法、あんな工夫

キーンコーンカーンコーン
がや
がや
がや
わーっ!
ガタッ
はーっ
ぱた
荒れたクラスは掃除から
おらっ
また明日ね

教室環境

掲示物のはがれはありませんか

今あなたの教室の壁には貼ってあるものは何ですか？　後ろの壁の絵や作品が目に浮かびますか？　掲示物を大切にすることは、子どもの「思い」を大切にすることです。

大切な子どもたちの作品

参観日、お母さんの手を引いて、自分の作品の前に連れて行く子、目で「あそこに貼ってあるよ」と親に合図をする子もいますね。

子どもたちは、自分の作品をときどき遠目に見ては、気にしています。それぞれ自分の作品は子どもたちにとって大切なもの。「先生もあなたの作品が大切です」そんな思いを伝えましょう。

①全員の作品が見える

できるだけ全員の作品ができあがってから貼るようにします。早くできた人から貼ると毎回同じような順の貼り方になります。全員の作品があることを確認して貼るとまちがいありません。名札で、友だちの作品が、たとえ一部でも隠れてしまうような貼り方は避けましょう。

②押しピンでとめるときのコツ

押しピンは「4点どめ」で。3点どめにしたりすると、作品が見えないし、作品を痛めます。ピン外れの原因にもなります。それに押しピンをさすときは、少し斜めにさし込む方が、外すときに楽です。

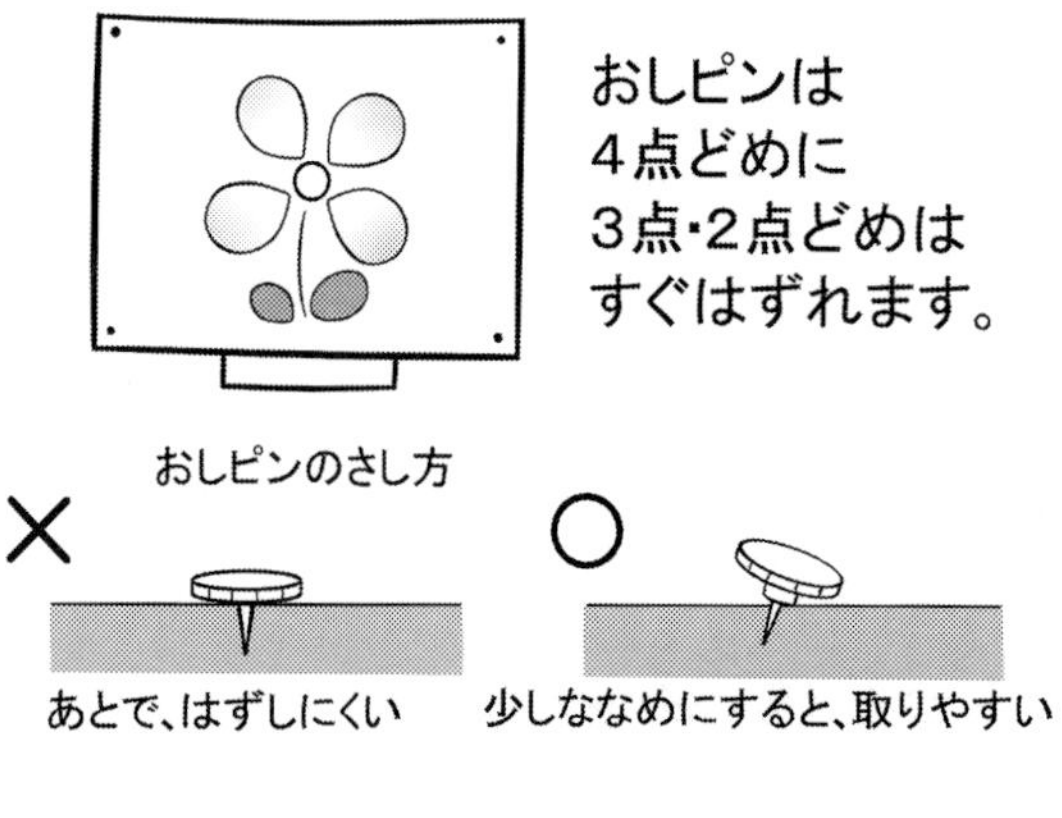
おしピンは
4点どめに
3点･2点どめは
すぐはずれます。
おしピンのさし方
×
○
あとで、はずしにくい
少しななめにすると、取りやすい

③みんなの作品が映えるコツ

作品ができあがったら、一度手元でゆっくり見てみましょう。描いていたときの顔が浮かんできます。「ユキさんの作品だ」と言って一枚一枚見ていると「先生、絵見ただけで、だれのかわかるの？」こう聞く子がいます。そして、自分の作品が出てくるのを横で待っています。

名札を貼ったら、作品同士の配色を考えて掲示しましょう。よく似た絵になった作品は、離して貼ります。貼り終えたら、今度は遠くから見てみましょう。作品が違って見えますよ。次の日には、後ろ向きに座ってみんなで作品鑑賞をします。楽しい時間です。

④とれたらすぐに貼ります

「押しピンが落ちてる！」という声を聞いたら、誰かけがをしていないか確かめて、すぐに外れた所を貼ります。そうしていると子どもたちは、自分たちで外れたところを探し、貼りに行くようになります。

「あなたのことが大切」を伝える

子どもたちの作品をきちんと貼る作業を大切にします。子どもたちは何も言いませんが、自分の作品が大切にされていることにとても敏感です。作品には一人ひとりの「思い」がいっぱい詰まっているのです。

なんとなくクラスが落ち着かないなあと思ったときには掲示物を大切に。作品を大事にするのは子どものためだけではありません。担任自身が子どもたち一人ひとりに話しかける大切な行為なのです。

わが子の作品を見てほっとされるお母さん、涙を浮かべているお母さんもおられます。最近は懇談会の後に写真に撮って帰られる方もいます。

黒板はピッカピカにして気持ちよく

子どもたちが学校生活の中で一番多く目にしているもの、それは「黒板」です。みなさんの教室の黒板はきれいですか？　黒板をピカピカにして気持ちよく過ごしましょう。

黒板を大切に

教室の絵や写真には必ずと言っていいほど、黒板が登場します。子どもたちの学習・生活に切り離せないものです。教師にとっても大事なのですが、プリントをちょっと留めたりして、自宅の冷蔵庫の扉のようにしていませんか。

①黒板をピッカピカにする

黒板は毎日ピカピカに。はじめのうちは教師が磨きます。きれいな黒板消しをしっかり持ち、一番上の一番端から真横に、力を入れてゆっくり拭いていきます。真黒な黒板が出てきたらその下を同じように、一番下まで（縦に上から下に拭く場合も）。何かを書くのがもったいないほど美しくします。そのうち黒板拭きの得意な子が出てきます。そうしたら変わってもらいましょう。

②黒板には、「月日」だけ書く

黒板だけでなく「黒板周りには目障りな掲示物を貼らない」ということは、支援教育の観点から最近よく言われるようになりました。黒板には日付と必要なら予定だけを端っこ

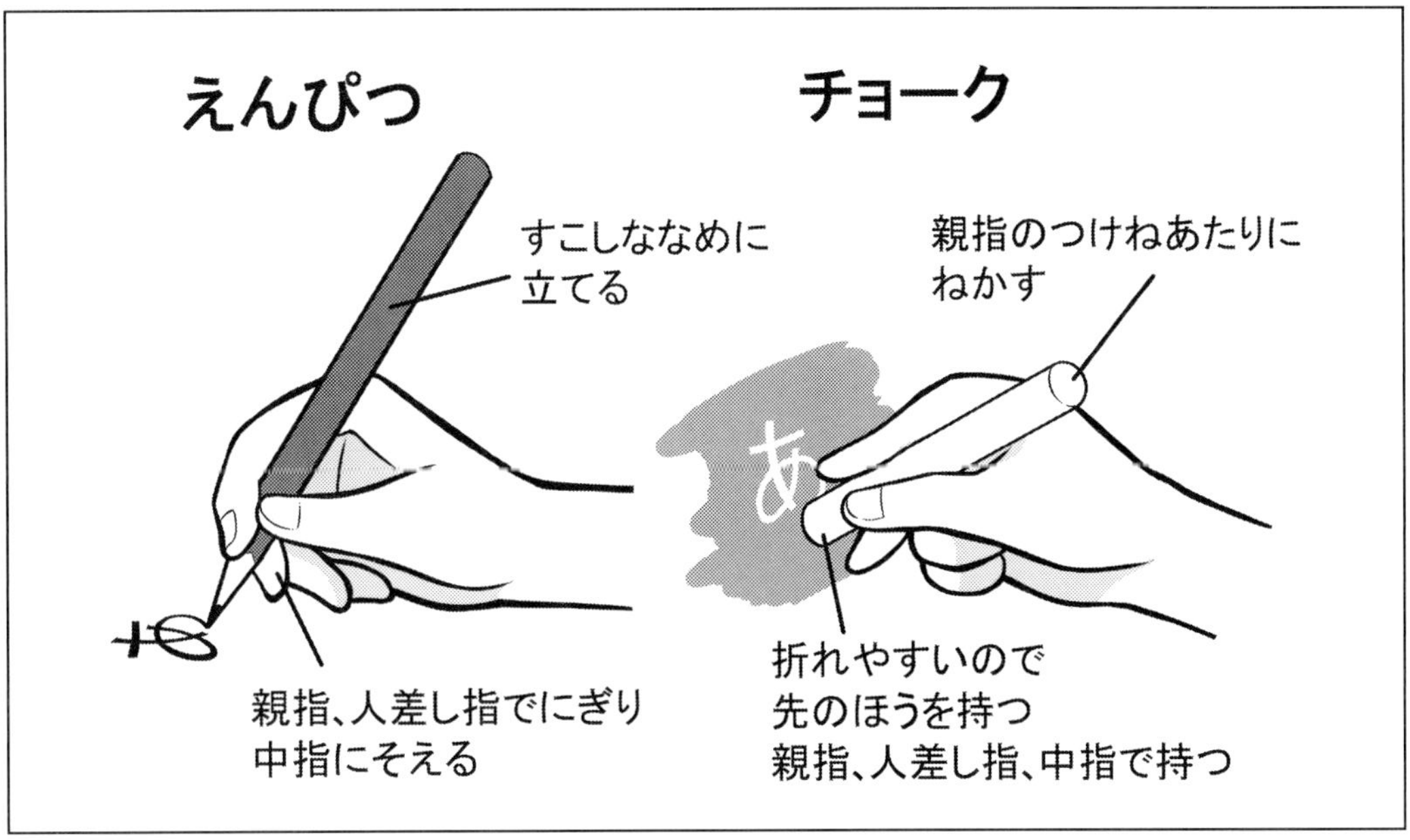
えんぴつ
すこしななめに
立てる
親指、人差し指でにぎり
中指にそえる
チョーク
親指のつけねあたりに
ねかす
あ
折れやすいので
先のほうを持つ
親指、人差し指、中指で持つ

に書き、その他のことは何も書かないようにしましょう。

　提出物未提出者や目標未達成者の名前を書いておくのはもってのほかです。

③豊かな学力は、美しい黒板から

　黒板に字を書くときは、心も力も込めてゆっくりていねいに書きます。子どもたちは先生が黒板に字を書く姿から、学ぶことの大切さを学んでいます。

　指導計画を作成するときは板書計画も立てます。子どもたちは深緑の黒板に鮮やかな白で書かれた学習内容を、映像のように頭のなかにとどめるのです。ときどき後ろから黒板を見て、自分の板書力も高めましょう。

④黒板を大切に保つためのポイント

　黒板は水拭きしません。学期に一度、固く絞った雑巾で拭くぐらいでよいです。黒板消しは消耗品、古いのは新しいものに取り換え、拭くたびに黒板消しクリーナーを使うときれいになります。黒板が光って見づらいときは、黒板を塗り替えてもらいましょう。

　子どもたちは黒板に字や絵をかくのが好きですが、黒板だけは授業用で落書き禁止にしましょう。

美しい板書が子どもの思考を活性化する

　ＩＴ教育充実の一環として電子黒板の活用が学力向上に結びつくように言われていますが、目まぐるしく移り変わる画面についていけない子、学んだことの確認ができない子がたくさんいます。教師が機械（ＰＣ）を通さずに、直に黒板に書く文字に、子どもたちは納得をするのです。電子黒板は補助の教具としてうまく活用しましょう。

教室環境

ロッカーや道具箱の整理整頓は時間を取って一斉に

「片づけなさい」「整理しなさい」と叱るのではなく、「生きる術」の一つとして整理整頓を教えたいものです。

整理整頓ができない子ども

ロッカーや道具箱がグチャグチャ、そういう子どもたちに忘れ物が多かったり、学力に課題を抱えたりしていることがままあります。と同時に、家庭の方が、片づけの仕方を教えることが生きる術を獲得する大事な営みだと考えていない、ということもあるようです。

①まずは、机のなかの整理整頓の仕方を教える

・道具箱のなかの物を揃えさせる（記名も）
・箱に整理して並べさせる
・教科書の入れ方を指導する

②1週間に1回は一斉に整理する日を

たとえば、月曜日、朝礼が終わって教室に入ると、みんなの机の上に道具箱を出して片づけます。

のりの蓋が取れている、ホッチキスの針がない、パスがグチャグチャ、パンの残りが入っていて箱のなかにバラバラになっている…。

全部を箱から出して、一つずつきれいにし、箱のなかのゴミも捨てます。足りないものは、連絡帳の（も）

メ モ＊片付け上手は物を大切にする

●記名の習慣をつける
鉛筆の１本１本、消しゴム、ものさし、ティッシュも ］→ときどき点検を

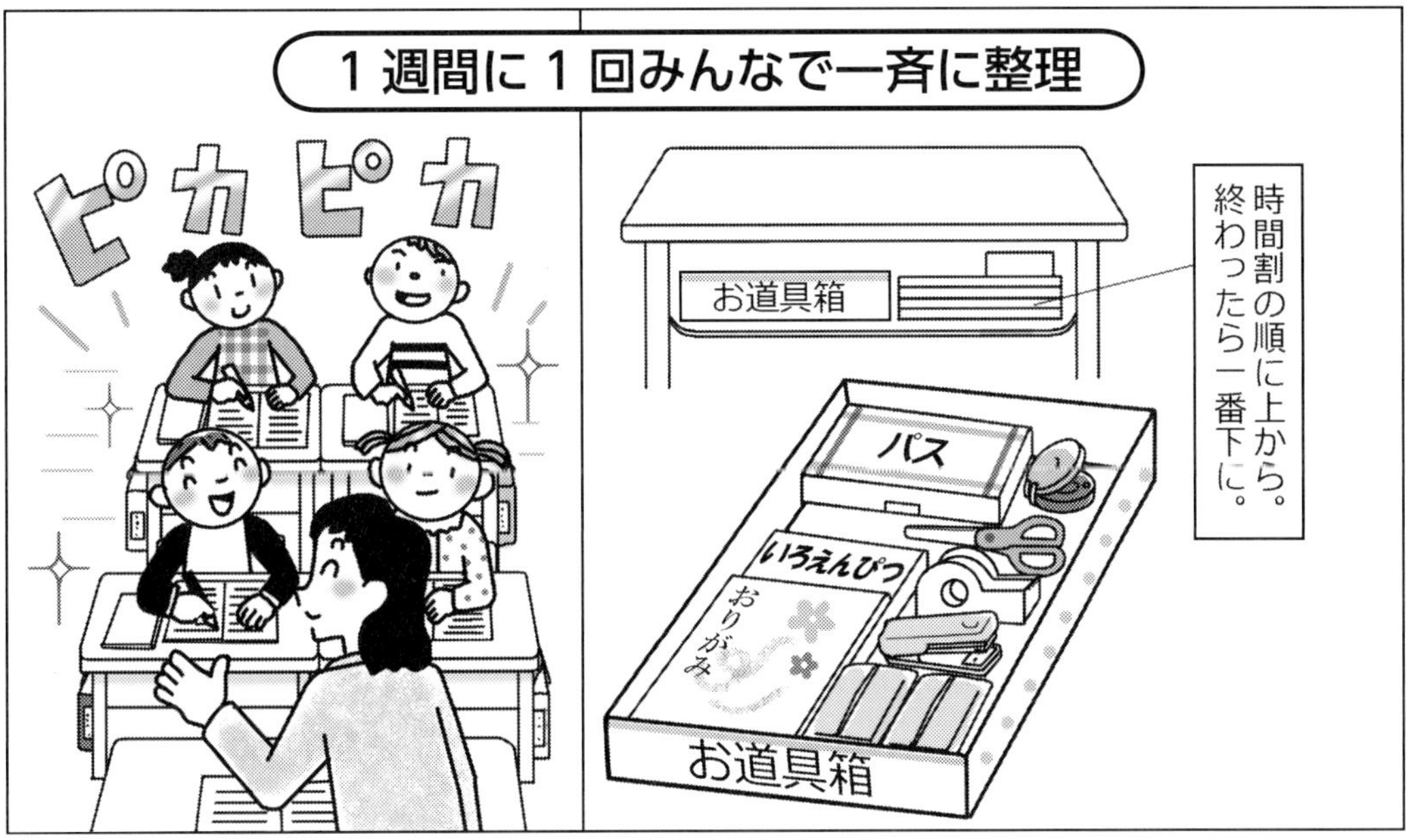
1週間に1回みんなで一斉に整理
ピカピカ
お道具箱
時間割の順に上から。終わったら一番下に。
パス
いろえんぴつ
おりがみ
お道具箱

（＝「持ってくるもの」の印）のところに記入します。

　教科書も出して、机のなかは空っぽになっているはずです。ところが、手を入れてみると、プリントがグチャグチャ、脱いだ靴下まで入っていることも。隣の席の人と、お互いに机のなかを点検し合います。道具箱は、教師が点検して廻り、合格したら元に戻します。

　こうして毎週チェックをすることが、習慣化させる秘訣です。片づけると気持ちがいいという感覚を養いたいです。

③ロッカーの整理も

　なんでも放り込ませない、ということです。体操服や絵具や習字道具などは吊るしたり、大きなロッカーがあったりすればよいのですが、なければ、個人のロッカーに入れることになります。ところが、それ以外に、主に道具やプリント類など、なんでも放り込まれていることも、ままあります。それこそ、収納の秘訣は、どこに何を片づけるかを決め、使った物は元へ返せばいい、ということです。

　プリント類は、ファイルをいくつか持たせ、片づけ方を教えます。

　これも週1回、実施しますが、慣れてきたら整理係という係をつくり、整理ができていない子どもには係が声をかけるようにします。

生きて働く学力の一つ

　教育という仕事は、生きる術をていねいに教えることだと先輩たちから学びました。整理整頓し、気持ちよく過ごすことも、生きて働く学力の一つです。教室で養っていきたいですね。

教室環境

授業の始めと終わりを教師が守ろう

45分の授業時間をきちんと確保するためには、まず教師が時間を守ることが大切です。時間通りに始めて時間通りにぴたっと終わる工夫をしたいものです。

まず教師が時間を守る

子どもたちには休み時間が終わったらすぐに戻ってきて座ることを要求しますが、教師が教室に戻るのが遅かったり、授業の終わりのチャイムが鳴って、子どもたちは上の空でそわそわしているのに延々と授業をしていませんか。教師も始めと終わりを守り、子どもたちも守るという習慣をつけましょう。

①休み時間もなるべく子どもと過ごす

授業時間通りに始めるには、教師がなるべく休み時間も教室にいて宿題やプリントなどの点検をしたり、子どもたちといっしょに運動場に遊びに行ったりできるのが理想的です。休み時間に教室で子どもたちの話に耳を傾けることやいっしょに遊ぶことは、子どもとの信頼関係をつくるためにも大切です。そしてチャイムが鳴ったらさっと切り替えて授業を始めましょう。

②1時間の学習内容を5～10分きざみで計画しておく

低学年になるほど集中時間が短いので、5分～10分刻み、高学年にな

メ モ＊1時間をこんなイメージで分割

15分：課題をつかむ
15分：話し合う
15分：ノートにまとめる
※ 低学年ではとくに書く時間に個人差があります。調整として絵を描いたり、色塗りをするなどを入れておくとよいでしょう。

係の子が出て授業を始める
さんすう
こくご
2×3は？
2×3
6!!
たぬきの糸車を
よみます
さんはい！

ると15分×3＝45分を目安に一つの学習内容を予定しておくと、だらだらせず見通しも持ちやすくなり、時間通りに終われるようなります。

③終われないときも区切りをつける

いくら計画していても、案外時間がかかってしまったり、学習が深まり盛り上がって、時間が足りなくなることあります。でも、チャイムが鳴れば途中でも区切りをつけます。残りは次の時間の始めにすることにして教材を机に出したまま休み時間にするとか、次の日に続きをする方がいいこともあります。

作業などで中断するのが無理なときは、できるだけつぶれてしまった休み時間を次の休みにプラスするなどの工夫をしましょう。

④時間が余ってしまったときは

反対に予定が早く終わってしまうこともあります。がんばったごほうびとして5～10分以内なら早く終わることもときにはいいでしょうが、短時間でできるゲームをしたり、短い絵本の読み聞かせや教師の体験話、読書タイム、おしゃべりタイムなどに使ってもいいでしょう。

子どもの休み時間を大切する

子どもたちが、この先生は時間をきちんと守る先生だと受け止め、時間を守ることは大事だと学んでいくことが大切です。昔から「よく遊びよく学べ」と言われるように、集中して学習するためにも、休み時間の遊びを保障することや、授業で緊張している子どもがほっとする時間を教師が大事にしていることを示していきましょう。

教室環境

次の授業準備をしてから休み時間に

段取り能力も学力の一つです。4月始めから指導して、習慣化させましょう。

チャイムが鳴っても…

チャイムが鳴っているのに、なかなか教室へ戻って来ない。やっと帰ってきたら、お茶を飲みながら、さっきの遊びの話をワイワイ。さて座ったと思ったら、ノート忘れた！　プリントが無い！　別の子は、今日は、何の勉強するのかなぁ…と待っている。こんな風景では、学習は主体的にはなりません。

次の学習の準備をしてから休み時間に入るということを、子どもたちに習慣化させていきたいものです。

①4月の始めにやり方を教える

1時間目に必要なものは、朝、ランドセルから出す時点で用意させます。

2時間目のものは、こんなふうにします。

「次は、国語だね。何がいるかな？」と全員机の上に並べさせます。「教科書を忘れた人、さあどうする？　隣のクラスで借りるのか、席の隣の人に見せてもらうのか、決めなさい」

ノートを忘れた子どもは、ノートと同じ形式に作ったプリントを取って来させます（このプリントは、それぞれの教科のノート形式に合わせる）。

メ　モ＊教師の段取り力

- 朝の通勤時間に１日の段取りをメモし確認。
- 提出書類…すぐにできるものはその場で、後にするものは箱に分類（頭のなかの整理）。
- テストの丸つけは、終った人からその場で。
- 会議が始まるまでの時間を有効活用（通信・１日の記録・スケジュール表チェック）。

チャイムが鳴ったら教室に入る習慣を
学年始めの休み時間
じかんわり
こくご
ノート
ピンポーン
パンポーン
いっしょに教室に入るよ。

その日に必要な漢字ドリルやドリル用のノートも確かめます。

②用意をすることで次の学習の心構えを

今日の学習が頭に入っていないと、準備物もわかりません。つまり、次の用意をすることで、次の学習への心の準備もするのです。だから、チャイムが鳴って帰ってきたら、すぐに学習に入れるというわけです。

③習慣化まで教師が点検

習慣化するまでは、教師が点検し、しばらくしたらグループのリーダーにしてもらうようにします。

段取りを習慣化してリズムある生活を

こういう学習準備のしつけがいい加減になると、いつまでも授業に緊張感がうまれません。時間を大幅にロスし、みっちり1時間を充実させるなど、とうていできません。

学習の規律づくりのためには、ここというところは手を抜かず、習慣化していくよう援助していきたいものです。

次の学習のためには、どんな準備をしておくのか。これは、どんな仕事をしても必要な段取り能力です。その場その場、行き当たりばったりでは、いい仕事はできません。

私たち教師自身も同じことですよね。1時間先の段取り、明日の段取り、1か月を見通した段取り、そして、1学期、1年と見通しながら、仕事を進めていく力を、子どもたちといっしょに学んでいきたいものです。

教室環境

忘れ物、叱るのではなく困らない対策を

子どもが忘れ物をすると、つい小言を言いたくなります。それってイヤですね。忘れ物を減らす工夫を考えてみましょう。

忘れ物対策二つの柱

大事なことは、忘れ物しても困らない方法を身につけさせることと、保護者の力も借りながら教師もいっしょに子どもの生活の立て直しに付き合うことです。

①忘れたらどうするか教える

忘れ物をしたらどうするかを教えないでおくと、子どもは、見つからなければ黙っておこうという行動をとります。こうなっては大変。忘れ物をしたら、授業の開始前に必ず先生に知らせることを教えます。

②先生に言えば助けてもらえることを伝える

忘れ物があっても、子どもが困らないようにしておくことが大切です。ほぼ毎日学校に必要な物（はさみ・のり・消しゴム・赤鉛筆・鉛筆など）は、教室に用意しておきます。

忘れたときは、教師に知らせることをルールにし、教師は必ず忘れた理由を聞きます。そして、当人に「今日は、連絡帳を必ず見ます」と約束させ、次の日、忘れ物がなかったら「約束を守れたね」と必

メモ＊「忘れ物表」を考える

「忘れ物表」を貼り出す、黒板に忘れた子どもの名前を書き出す…、子どもたちの心にはどう映っているのでしょう？　×をつけられたくない、名前を書かれたくないと、忘れ物は減るかもしれませんが、見せしめのようなやり方だと思います。自律の力がつくかは疑問です。

忘れ物対策4つの基本

ずほめましょう。

③子どもがノートを忘れてきたとき

ノートは授業の記録です。大事にしたいものですね。常に、B5のマス目のプリントを教室に常備しておきましょう。ノートを忘れたとき、子どもは、そのプリントを取りに来ます。プリントには、月日と名前は必ず書くようにします。そして、家に帰って、そのプリントを必ずノートに貼り付けます。これで叱らずにすみます。

④子どもへの連絡は早めに

持ってくるもので、明日すぐそろいそうもないものは、4、5日前から連絡をしておきましょう。たとえば、図工で必要な毛糸・ペットボトル・空き缶などです。そして、図工のある日までは、そろっているか毎日尋ねます。当日、全員そろうと気持ちがよく意欲がわきますよ。

⑤連絡帳の活用を

忘れ物をしない方法を低学年のうちから教えましょう。学校から帰ったら、①ランドセルのなかの物を全部出す②宿題をする③お家の人に渡すものを渡す④連絡帳に赤鉛筆でチェックを入れながら翌日いる物をランドセルに入れる、の4点を必ずします。お家の方には、赤鉛筆でチェックができているかを見て、サインをもらう協力を呼びかけます。

忘れ物がなくなると、学習も安心して受けられるようになり、生活意欲もわいてきます。

継続は力

忘れ物が一つでも減れば、その過程をほめましょう。協力してくださっている保護者にもお礼の一筆を書くと継続します。「継続は力なり」で、忘れ物もぐんと減っていきます。

教室環境

忘れ物をよくする子の背景を考えて、対策を

子どもの忘れ物、悩みの種ですね。何日も連続して忘れ物もしてくる子、つい叱りたくなりますが…。

子どもの生活の見直しを

一口に「忘れ物」といっても、その原因はさまざまです。その子の生育歴や家庭での生活などが背景にあることが少なくありません。

子どもの行動の裏には、必ず理由があります。忘れ物が多いと叱りつけるのではなく、その子の行動の背景をつかみ、生活そのものを見直させることも必要です。そうした子ども観をもって、子どもに対応したいものです。

①整理がわからなかったひろ君

とても忘れ物が多い1年生のひろ君、机のなかはものでいっぱいであふれだし、ひろ君の回りには、必ずいろんなものが落ちています。

どうしてなのだろうと不思議でしたが、家庭訪問をしてわかりました。ひろ君は、家でも自分のものを整理することが苦手な子だったのです。

家庭では、彼が出したものは、勉強道具であろうが遊び道具であろうが、すべて箱に詰め込むようにさせていました。その結果、ひろ君は必要なものが何かという取捨選択ができ

メ モ＊忘れ物には深～い理由《わけ》がある

● 家庭と連絡が取りにくく、背景がつかめない！
大切なことは２つ
・その子を忘れ物で責めないこと
・その子が学習に参加できるよう支える方法を考えること

もう！
ちらかってますよ！
おいているの！
教科書は机の中の右側よ。本は手さげ袋に入れて机の横に。
教師は、できているのか常に心を配って声をかける。できていたらほめてね。

きなくなっていたのでした。

②時間割を合わせることから

「忘れ物」とひとくくりにせず、とくにいつも忘れてくる子に対しては、その子の家庭での生活なども視野に入れて対応することが大切です。

ひろ君の場合は、お母さんとよく話し合い、学校に必要なものをきちんと持ってくることを目標にし、時間割を合わせることを子どもといっしょにするようにお願いしました（やり方は18ページ「忘れ物、叱るのではなく困らない対策を」の⑤）。

お母さんもよく理解してくださり、ひろ君の代わりに自分がやるのではなく、ひろ君ができるように根気よく支えてくださいました。

それができると、学校から持って帰ったプリントなども、その日の時間割を合わせるときに確認でき、保護者への手紙類もお母さんの手に渡るようになりました。ここからひろ君の様子が変化してきました。

③「片づける」の意味を理解し、忘れ物がストップ

これまでひろ君にとって「片づける」ということは、何から何まで箱に入れることだったので、分類して整理することなのだということを、教室で実際の行動をとおして理解させていきました。

また、家庭にも分類して片づける習慣づけをお願いすると、お母さんも協力してくださいました。こうして家庭といっしょに対応するうちに、ひろ君の忘れ物はなくなり、学校生活も安定してきたのです。

★　★　★

もちろん、学校でも片づけ方（整理整頓）の指導をしました（上のイラスト参照）。

教室環境

子どもが喜んでとりくむ宿題の工夫（低学年）

宿題は、何のために出すのでしょうか。子どもたちが喜んでとりくむためにはどんな内容で、どんな工夫をすればいいのでしょうか。

宿題の三つの基本

宿題は、①**家庭での学習習慣を身につける**ことが目的です。授業時間不足で学校でできなかった内容を宿題にするのではなく、一人でできる課題を宿題にします。習慣化できたら変化もつけて②**意欲的に継続できるような工夫**も大切です。③**親子のつながり**のきっかけになるような宿題も出したいものです。

①最初は一つか二つで ワンパターンの宿題を

1年生は、早く宿題をしたいという声が出るほど意欲的。私が必ず出すのは、その日に習ったひらがなを使った言葉集めをして国語ノートに書く宿題です。ワンパターンですが、毎日違うひらがなを宿題に出します。

習っていない字は「•」（左上イラスト参照）で書き、何を書いたかわかるように言葉の下に絵を描かせます。言葉が思いつかなかったら家の人に尋ねたり、何の言葉を書いたかのクイズにしたり、親子での会話もはずむ宿題です。翌朝、宿題のノートを提出するときに友だちに見せ合ってクイズをしても楽しめます。

メモ＊ときにはこんな宿題も

- 早く寝る（行事の前日）
- 筆箱の整理（定期的に）
- 縄跳び５分（ある一定期間）
- あいさつをたくさんしよう

朝の教室で
みせて みせて
ほらー よめるかな？
ぼくのは どう

②子どもの音読が響く家庭を

国語の教科書の音読は親の協力をお願いして、毎日とりくみたい宿題です。忙しい家庭でも夕飯の支度をしながらでも音読を聞くことができます。子どもが今どんな学習しているかも親に知ってもらえ、親子がふれあうひとときにもなります。

③時には変化をつけて

ワンパターンの宿題に慣れてきたら、週末には「おてつだい」「うわぐつあらい」などを宿題にすると子どもも親も喜びます。

「うわぐつあらい」は生活科の時間にみんなで古歯ブラシを使って洗う練習をしてから宿題にします。

「おてつだい」は連絡帳に何の手伝いをしたか書かせるようにし、学校でそれを紹介してほめたり、学級通信に載せたりすると、子どもたちのできる仕事が広がります。

絵日記は教室で、家や学校であったことを思い出して何回か書かせた後、宿題にします。

運動会や遠足などの日は「つかれをとる」「お家の人に（運動会や遠足の）お話をする」などの宿題もいいですね。

多すぎ、難しすぎに配慮

宿題は、できて当たり前と思わないで、自分からすすんでしたことをほめましょう。学習の習慣や学ぶ意欲を育て、親子のふれあいもできるというのが、宿題のよいところです。

内容が難しすぎたり、多すぎたりして、宿題が親子の負担になっていないかも確かめながら、どの子もできるようにしていきましょう。宿題ができない子には必ず何か理由があるので、親子ともにていねいにかかわり、励ましていきましょう。

教室環境

子どもが喜んでとりくむ宿題の工夫（中学年）

小学校6年間のなかで、一番たくさん漢字と計算が出てくる3・4年生。反復練習も楽しくとりくませたいですね。そこで一工夫。

中学年の宿題のポイント

学校での学習内容はぎっしり、放課後は友だちと約束。おけいこごとの日も増えて、充実した生活のなかでの宿題。3・4年生の宿題には、このエネルギッシュな力を楽しくいかし、しかも家庭学習として定着させることが求められます。

①漢字と計算の宿題

・**漢字**　新出漢字が1年間に200字となれば毎日漢字の練習が必要です。筆順・熟語などの練習の後に「私の新出漢字1行作文」を書かせます。「地区の体育祭のパン食い競争で、パンを二つくわえて走りました」など、1行にその子の性格や日常生活が出てきて、プッと吹き出したりホロリとさせられたり。一言コメントをつけて返します。

・**計算**　この時期は、答えだけでなくて「筆算の、式から答えをきれいに手書きすること」が大切です。ノートの書き方は具体的でわかりやすい指示をし、ていねいに見ていきます。ノートがきれいなことを大いに評価し、花マルや楽しいスタンプをポンポンポン！

福岡・大分・宮崎
佐賀・熊本・鹿児島・沖縄
きゅうーしゅーー！
トーン
トーン

②声や音やリズムのある宿題

音読の宿題はもちろんですが、リズミカルな詩の朗読、都道府県名暗記、筆算の手順、漢字の書き順や漢字ドリルのリズム読みなど。教室で勉強するときに手拍子を入れたりして、リズムをとって教え、家でお家の人に聞いてもらう宿題です。

③中学年は工夫が得意

本格的な自主勉強にはもう少し時間がかかります。でも自分で工夫するのは大好きです。コンパスで円をかけるようになったり、分度器で角度が計れるようになったりすると何ページも円や角度をかいてきます。展開図や見取図、グラフも好き、どんどん工夫させてやりたいですね。

④ときどき宿題アンケートを

マンネリ化したなと思ったら「アンケート宿題」。子どもたちはアンケートが好きです。「最近の宿題で楽しかったのはどれですか。困る宿題がありますか。あなたが出すならどんな宿題がいいですか」なんてアンケートを取るとたくさん知恵が集まります。

家庭環境にも配慮して

宿題は、子どもとの対話です。喜んでとりくむ宿題は「やってきた宿題を、喜んで見る先生がいてからこそ」成り立ちます。ただ、落ち着いて宿題ができる家庭ばかりではありません。宿題を忘れがちな子が、キュッと胸が痛くなることがないような工夫も必要です。

時には「ぐっすり寝る」「洗濯物をきちんとたたむ」などの宿題もいいです。そしてたまには「宿題なし」の日も入れてやって。大喜びで連絡帳に梨の絵を描いて帰るでしょう。

教室環境

子どもが喜んでとりくむ宿題の工夫（高学年）

宿題を出すなら、学校で勉強したことが楽しくて、早く家に帰ってやりたくなるような勉強方法をあみだしたいものですね。

知的好奇心を満たす

宿題は、楽しくないと自分からすすんでやりたいと思いません。とくに高学年になると、もっと知りたいと意欲的になる時期を迎えます。そんな子どもたちにふさわしい家庭学習です。

①学校で得た知識や技術を活用

6年生では新出漢字「城」を習います。そこで日本にある城を10個調べて書いてくる宿題を出しました。子どもたちは「城」という漢字を覚えるだけでなく、歴史への興味を育てることにつながります。「泉」では温泉名を、「駅」は駅名をと、楽しくとりくめます。

②自学帳のとりくみ

5年生を担任したとき、子どもたちが自主的に学習にとりくめるようにと、「自学帳」をつくってとりくみました。子どもたちは、「未来にはばたくノート」「全教科実力出しきるノート」など自分のノートにいろいろな名前をつけて、楽しんで学習しました。

ある子のノートを、次に紹介しま

メモ＊授業中の質問から宿題に

授業中、子どもたちはいろいろな質問をしてきます。その質問を宿題にしたらどうでしょうか。もちろん担任も宿題です（p.69 イラスト参照）。

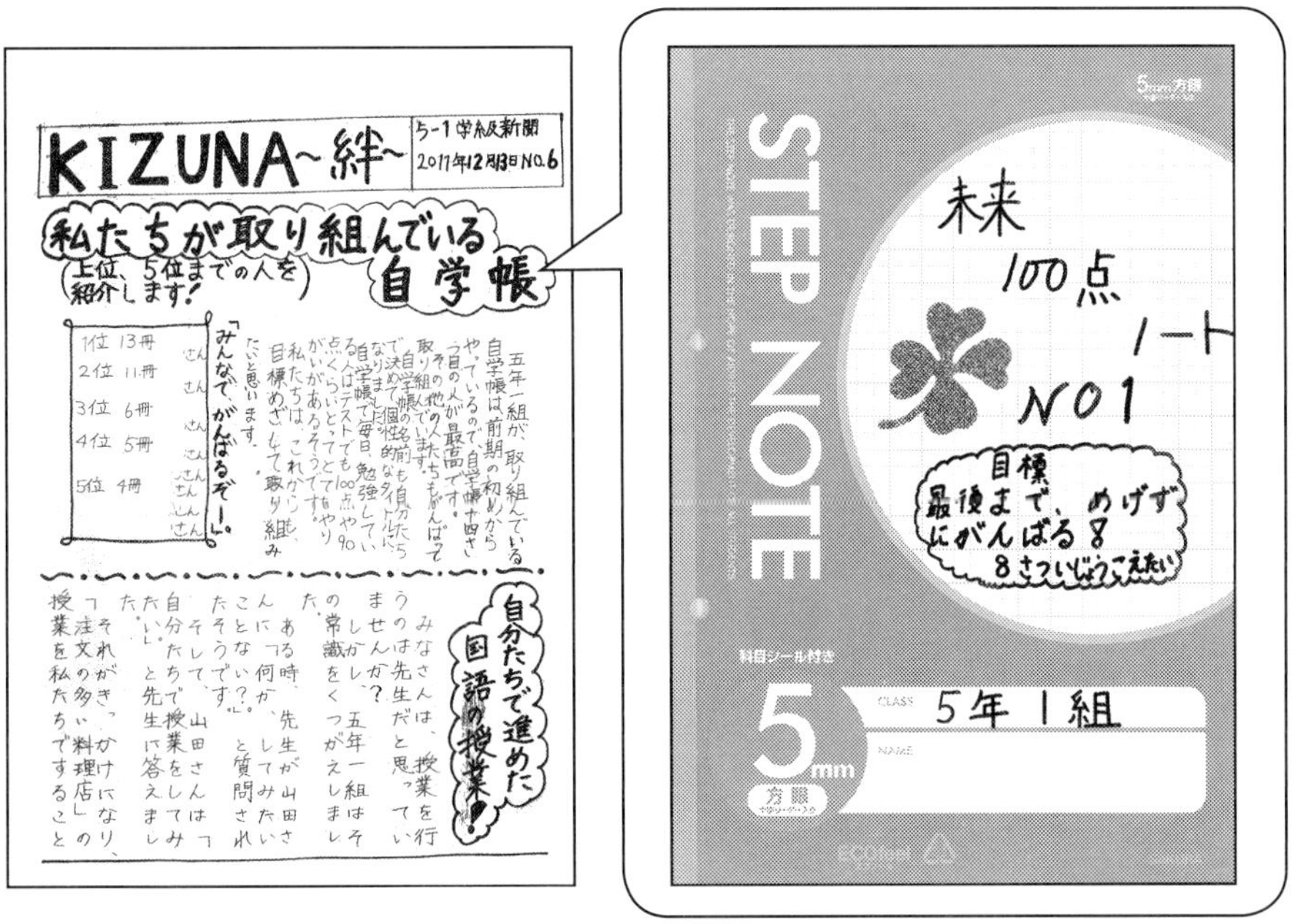

子どもたちが発行していた学級通信が「自学帳」をとりあげた

しょう。

「金曜日の国語の授業とてもわかりやすかったです。主語や述語がよくわかりました。…句読点の意味も、よくわかりました。私は、習わなかったら意味もわからずに感想文でも、作文でも日記でも句読点をいっぱい使ってしまっていたと思います…これからは、正確な文章を書いていけたらいいなと思っています」

この子は、授業で学んだことをしっかりと書いています。自分からすすんで、しかも楽しんで学習している様子がうかがえます。こんな自学帳を紹介して学級で交流すると、みんなすすんでとりくむようになります。

③ちょっと変わった宿題も

お祭りなどの地域の行事や、遠足や運動会などの学校行事のときは、「今日の行事」についてお家の人と会話をしたり、お祭りに参加して地域の人と会話する、という宿題を出したことがあります。すると、行事の翌日は子どもの方から「先生、昨日の宿題やったよ」と話しかけてきました。楽しい宿題ですね。

④学校でいっしょにする

5年生を担任したとき、宿題を出しても子どもの学力実態からみて無理な子がいました。そこで基本は、学校でいっしょに勉強するようにしました。できるだけ毎日、朝や放課後など、約束した時間にしました。しだいに一人でできるものが増え、少しずつ宿題をやってくるようになりました。

★ ★ ★

子どもは、自ら学びたがっているのです。宿題も子どもの学びたいという意欲を引き出すようにすれば、子どもたちは嫌がらずにとりくみます。

教室環境

宿題忘れを防ぐこんな方法、あんな工夫

宿題がなかったら、子どもも先生もハッピーなのに…そうもいかない！　無理なく出せて、忘れない宿題の工夫はないものでしょうか。

宿題忘れに罰ではなく

①こんな宿題はいや

教えることが多すぎて、授業が進まない。だからといって学校で消化しきれないことを家でやって来なさいという宿題は、もってのほかですね。できない、わからないと悲鳴を上げる宿題は、勉強嫌いをつくってしまいます。

熱心のあまり、宿題の量を多く出して、時間がかかりすぎるもの困ったものです。個人差はありますが、学校に困難を抱えて学校に来ている子どもたちのことを常に心に留めて、量も調節したいです。

②ある程度パターン化して生活リズムに

宿題の内容が毎日変わるというよりも、ある程度パターン化することが大事でしょうね。たとえば、漢字や計算など、繰り返し練習の必要なものは、ほぼ毎日させます。また、私の場合は、言葉を育てることが学力の鍵を握っていると考えているので、音読や文章をていねいに模写する宿題を重視しています。週に2回くらいは日記を書かせます。こうい

メ　モ＊宿題チェックは1時間目の後に

・忘れた子が多いと、担任は朝から不機嫌になってしまうことも。
・点検は必ず教師。そうしないとルーズになりがち。
・忘れた子にはその日にさせる。

宿題忘れもクラスみんなの知恵で解決！

うものが、ほぼ決まったリズムで出されるので、子どもの方もやりやすかったようです。

③「おもしろい」という宿題も

・学校から家までの距離を、歩幅を基にどれくらいあるかを測らせてみましょう。「さて、誰が一番遠いかな？」と予想を出させておくと、よしやってみようと、子どもはワクワク。実体験をくぐる宿題はおもしろいです。

・コンビニをどんなときに利用しているかという総合の学習を、グループで調査隊を組んで、行きます。仲間といっしょにやる宿題はおもしろいです（習い事などのあいだを見つけて日程を組むのに、少し苦労しますが）。

④月に１～２回は宿題のない土日を

宿題のない日をたびたびつくると、これまた緊張がなくなるので、それは避けたいですが、たまには気持ちを解放させてあげて、ゆっくりできる日をつくってやりませんか。ちょっとした息抜きが、やる気をつくります。

⑤宿題忘れは、みんなの知恵と援助で解決を

宿題忘れの多い子どもは、なぜなのか、一人ひとりをていねいに見つめてみたいです。と同時に、その解決は担任一人がしないで、クラスみんなの知恵を借ります。

「ぼくたちは、こんな工夫をして宿題をやってるよ」とアイデアも出ます。いっしょに宿題をする日もつくってあげるという友だちも出てきます。

「宿題を忘れたら罰を与える」というやり方では、子どもたちは育ちません。みんなで賢くなろうというとりくみあっての宿題です。

第2章
教材・教材研究

好きな教科・得意な教科を持つ

教材研究は一人ではなく

教材は暮らしのなかからも

教師が夢中になる教材

さぁ 今から花壇に種をまきに行きましょう！
はーいっ！
先生！先に行って草を抜いといたよ！
じゃーん！
まぁ！ありがとう！
えっへん！
だれー？うちの学年のサツマイモの苗全部抜いたのは！
どき…っ!!

教材・教材研究

好きな教科・得意な教科を持つことから始める

小学校の教師って全教科を教えなければならないから、自信がなくて…。そんなあなたに。

好きな教科・得意な教科を持つことから

どれか一つ、好きな教科・得意な教科ができてくると、教師も授業への構え方が変わってきます。同様に子どもも一つの教科で勉強のおもしろさをつかみ、自信ができてくると、学ぶ姿勢が変わってきます。

そのためには、教師自身が好きな教科の学びを重ねていきましょう。

①学びの場に身銭を切って足を運ぶ

日本には民間の教育研究サークルがたくさんあり、大きな財産を持っています。そこには、すばらしい実践者や研究者もいます。積み上げてきた資料や研修方法、実践事例集などがあり、文献の提供などもしてくれます。

そこで自分のささやかな実践をレポートにして聞いてもらうなどすると、自分の実践が飛躍的に向上します。

校内の研修授業なども嫌がらず、チャンスがあれば、積極的にやってみると、これまた大きな学びが得られます。

授業力をつける5つの場面

①みんなで学ぶ
②校内研修の授業に挑戦

②教材研究ノートを作り授業の記録を

自分の好きな教科だけでもノートを1冊作り、教材研究をしていくと、これも自分の宝物になり、これから先も大いにいきてきます。集めた資料や文献なども大切に保存・整理しておくと、のちのち役に立ちます。

そして、ときどき自分の授業を振り返って、発想や子どもの反応、反省点や課題などをメモしておくなどもすると、力がつきます。

テープやビデオに録って、自分の授業を客観的に見るのは嫌なものですが、けっこう気づきがあるもので、時にはやってみたいです。

学ぶ喜びや苦しさを教師が体験する

明日からすぐに役立つ技術や方法を取り入れることを否定はしませんが、それにばかり頼っていたのでは、自分の実践は生まれません。その技術や方法の背景にある子どものとらえ方が大切です。一人ではなかなか大変なので、だからこそ、サークルなどに足を運び、仲間といっしょに学ぶことが大事なのです。

「忙しくてそんなサークルに行きたいけれど行けない」という声も聞かれますが、行けば元気になりますし、必ずや意欲が生まれてきて、早く子どもに会いたいな、これで授業をしてみたいな、という気持ちになりますよ。

学ぶ喜びや楽しさを教師自身が体験することなしに、子どもたちに学ぶ喜びを届けることは難しいものです。

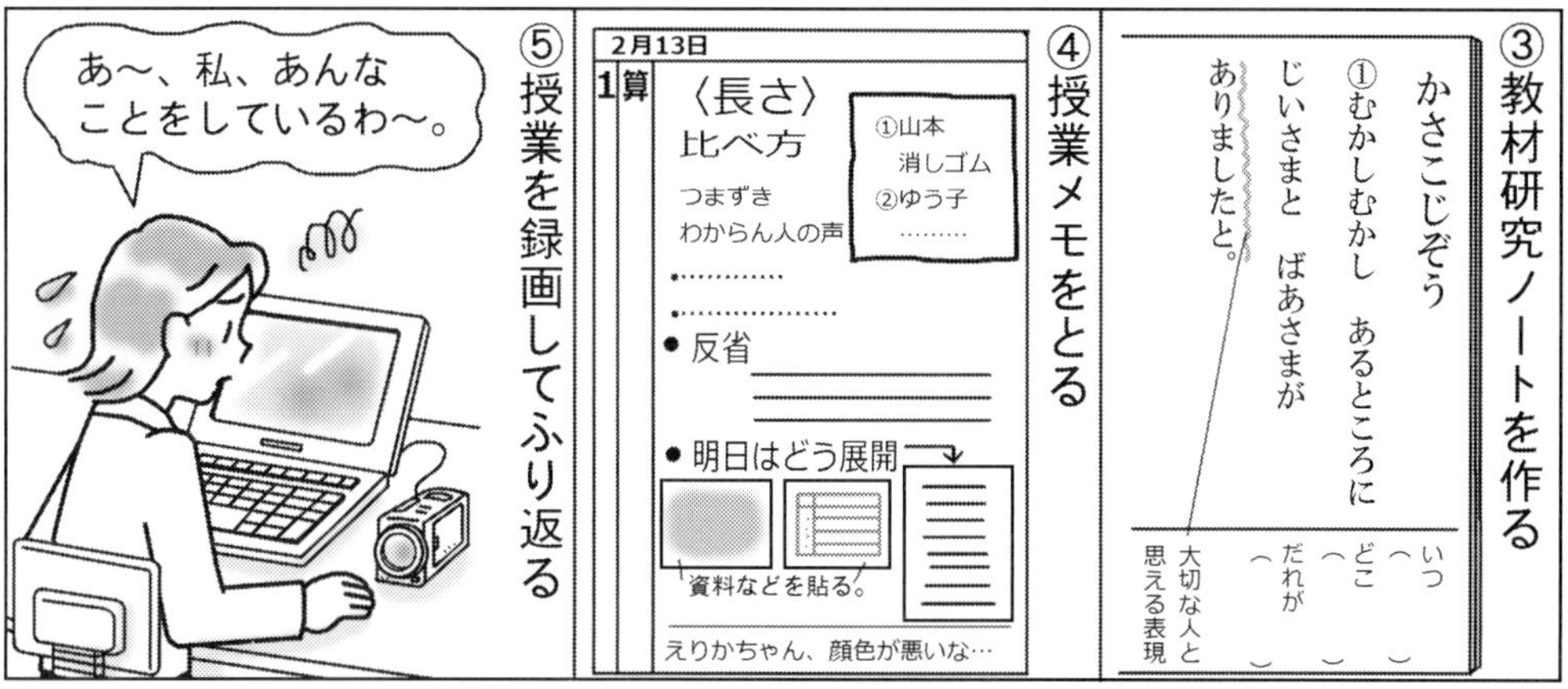
③教材研究ノートを作る
かさこじぞう
①むかしむかし　あるところに
じいさまと　ばあさまが
ありましたと。
いつ（　）
どこ（　）
だれが（　）
大切な人と思える表現
④授業メモをとる
2月13日
1 算
〈長さ〉
比べ方
①山本 消しゴム
②ゆう子 ………
つまずき
わからん人の声
● 反省
● 明日はどう展開
資料などを貼る。
えりかちゃん、顔色が悪いな…
⑤授業を録画してふり返る
あ～、私、あんなことをしているわ～。

教材・教材研究

教科書を最後まで読んでみる

毎日手にする教科書、大事ですね。みなさんは、教科書を最後まで読んでいますか？　一度読んでみましょう。いろいろな発見がありますよ。

指導の見通しを持つ

　教科書を最後まで読み通すことによって、まず指導の見通しを持つことができます。また教材の並び方がわかり、系統的な指導をすすめることにも役立ちます。

①教材の配列がわかり準備できる

　各教科の教科書を最初から最後まで目を通すことは、とても大事です。年間指導計画を立てるときにも、教科書を最初から最後まで目を通すことが必要です。そうすれば必要な準備を計画することもできます。

　「教科書を教える」のではなく、「教科書で教える」と言われています。そのためには、教科書を読み通し、子どもの実態に見合ったとりくみをすすめることが重要です。大切なのは、教科書の教材の配列が、子どもの発達に見合っていてわかりやすいかどうかです。

　教科書に出てくる順番に教えるのでは、ただ教科書を教えるだけになります。教科書を最後まで読むことで、教材の順序を入れ替えることに目を向けることができるようになります。

メ モ＊こんなときに教材の組み替えを

- 学校や地域の行事に合わせて。
- 体験学習や社会見学の時期に合わせて。

教科書を読み比べる
教科書会社ってこんなにあるの
こんなにちがうのね
こっちのほうが教えやすそう
さんすう

②教材の組み替えについて

今の国語教科書には、文学作品を軽く扱ったり、低学年で、「昔話や神話・伝承」を扱うなど問題点があります。国語の自主編成では、どの教材とどの教材に重点を置くのか、どんな教材を補っていくのかということを考えます。

算数においても教科書の問題点が指摘されています。2年生の算数を例に考えてみましょう。2年生になってすぐの4月に、時計の勉強が出てきます。この時期に「時間と時刻」を理解させるのは困難です。時刻を読むには、5の倍数ですぐ表せます。だから、この教材は九九を学習してから学ばせる方が有効だと思いませんか?

③教材の組み替え・差し替えは、学年で話し合い、保護者の理解を得て

教材の組み替えを行うとき、気をつけてほしいことがあります。それは、教材の自主編成は、学校・学年の教師集団での検討を前提にして、職場の現状に合わせて可能なところから柔軟に教材の編成替えや工夫をすることです。そして、必ずそのことを保護者に伝え理解してもらうことをわすれないことです。

④他社の教科書と比べてみる

教科書会社はいくつかあります。細かく見ていくと教材の位置づけ、展開に違いがあります。自分の地域で採択された教科書をそのまま使うのではなく、他社のものと比較検討することをおすすめします。それぞれの教科書のよい所を取り入れることができ、指導上有効です。

★　★　★

学校が教育課程を編成するのですから、教材の組み替え・差し替えに自信を持ってとりくんでみてください。

教材・教材研究

教材研究はみんなの力を借りてする

「この教材をどうやって教えたらいいのだろう」って、教材研究で悩んだことはありませんか。
教材研究のコツは〝一人で悩まず、みんなの力を借りる〟ことです。

一人で悩まずに

「授業が大事だ」ということはわかっているのだけど…、子どもたちへの対応やノートの丸付け・書類の締め切りに追われ、放課後は会議・会議で、肝心な教材研究はいつも後回し。…厳しい現実です。一人で悩まず、みんなの力を借りましょう。

①教材を何度も読む

教材研究は一人より二人。職場の同僚と（または、サークルや組合の仲間と）教材を読むことから始めましょう。音楽ならいっしょに歌う、図工なら作ってみる、体育も子どもの課題をやってみましょう。職員室で、運動場で若い仲間と教材研究していると、先輩が声をかけてくれることがあります。わからないことを教えてもらいましょう。

②先輩の一足先の授業を参考に

先輩に「教えてください」とお願いして、先輩の授業より、一日遅れで授業にとりくみます。

先輩の授業のあとに、黒板を見せてもらいポイントを教えてもらうとよくわかります。板書のまねもりっ

仲間と一緒にやってみよう。
おへそを見るようにして後頭部をつけて
台上前転

「注文の多い料理店」
二人のわかいしんしはどんな人だったと思う?
お金もちでずいぶんいばってる…
ほんと、それに犬が死んでもしらん顔でつめたいね
国語
国語

ぱな教材研究です。

③重点教材は、学年の先生と教材研究を

算数でいうと、1年生なら「繰り上がり・繰り下がり」、2年生なら「かけ算」、3年なら「わり算」が重点教材です。重点教材は子どもたちがつまずきやすい所であり、それぞれの学校や先輩たちが教材研究の財産を持っているものです。少し早目に、学年の会議の時間に教材研究の時間を入れてもらえるようにお願いしましょう。

④子どもたちの意見に学ぶ

そしてなんといっても、教材研究の大切な相棒は子どもたちです。子どもといっしょに何度も何度も教材を読んでいるうちに、ハッと気づくこともあります。授業中の質問や意見・反応は次の授業の大切なヒントです。「授業がうまくいかなかったなあ」と思ったときこそ、子どもたちの願いをもとに次の授業を組み立てましょう。

いろいろな感じ方・考え方に気づく

ともかく一度、気楽に話せる友だちと教材研究をしてみてください。たとえば国語の教材をいっしょに読み合うだけでも、「読み取り方に違いがあること」に気づくはずです。

教材研究をみんなの力を借りてやることの意味はそこにあります。教材研究をしながら、いろいろな考え方を交流し合うなかで、その教材の主題は何なのかがわかってきます。授業をどのように進めていったらいいのかということも、いろいろな角度から考えられます。

そしてそのことは授業のなかで、いろいろな子どもたちの声を聴き取る力につながっていくのです。

教材・教材研究

教材は子どもの生活に結びついたもの・ことを①（5年〜・社会）

子どもの生活に結びついた教材は、みんなが興味を持って学び、自分の意見を表現しやすくなります。４年生以上の学年で身近なバナナを教材にした授業をしてみませんか。

バナナから学ぶ授業

日本で売られているバナナのほとんどはフィリピン産で、大規模農園で農薬を空中散布して生産されています。バナナをつくっている人たちの働き方やくらしを学ぶと、人の命よりも儲けが優先される産業のしくみの問題点が明らかになってきます。

何気なく見ていたバナナを違った見方で見ることができ、他の食べ物が抱える問題も見えてきます。

①バナナは〝どうやってつくられる〟

『アジアの子ども』（明石書店）のなかの「バナナのお話」を導入の授業で使います。フィリピンのバナナ農園でお父さんが農薬散布の仕事をしている9歳のアルトロの視点で書かれた物語です。自分と近い年のアルトロに心を寄せて、アルトロや体調の悪いお父さんのことが子どもたちの間でも話題になり、大規模農園の問題点に気づいていきます。ビデオで農園の様子を見ることでさらに理解が深まります。

メモ＊ビデオ教材

- 「バナナ植民地フィリピン」（30分）
  NPO法人アジア太平洋資料センター
  http://www.parc-jp.org/
- 「バナナ民衆交易の10年　バランゴンとバナナ村の人々」（60分）

※バランゴンバナナを教材として注文もできる
（オルター・トレード・ジャパン）

大型紙芝居を使って……
アルトロのお父さんが はたを上げているところに 飛行機で農薬を まいていきます
えーーっ ゴーグルとか マスクをかけたら いいのに
このあと お父さんや アルトロは どうなったの？

②アルトロのお父さんの夢は

アルトロのお父さんの夢は、土地を返してもらって自分たちの食べるものを自分の畑でつくる生活です。輸入食品の問題点を指摘するだけで学習を終わらせるのではなく、未来に希望を持たせたいものです。その土地でとれたものをその土地で食べる「地産地消」を、身近な地域での有機農業のとりくみとともに紹介をしてもいいでしょう。

③他の農産物もしくみは同じ

バナナ以外にもエビや中国からの輸入野菜の問題も取り上げて、労働者や消費者の健康よりも儲けが優先される社会のしくみを学びます。

④「フェアトレード」バナナ

ネグロス島フィリピンに自生しているバランゴンバナナを栽培して日本に輸出して村の人々の生活を豊かにしようというとりくみ（フェアトレード）が日本人によって行われています。

多国籍企業の農園で働く労働者の賃金はとても低いのですが、フェアトレードのとりくみでは、くらしに必要な賃金が支払われ、バナナの価格に村の自立の支援金も含まれています。ビデオも出ているので教材化しやすいです。フェアトレードはコーヒーや衣類などでもされています。

子どもに一番身近な食べ物を通して

食べ物の向こうには、それをつくった人の生活があり、社会の矛盾まで見えてくるのです。命や健康よりもお金儲けが優先される社会はどうなのかということを具体的な例から考え学ぶことができます。働いている人々に寄り添いながら学んでいきましょう。

教材・教材研究

教材は子どもの生活に結びついたもの・ことを②（3年〜・保健）

「早寝・早起き・朝ご飯」の合い言葉でがんばらせようとしても、どの子もしっかり睡眠がとれるようにするのは、なかなか難しいです。

すいみんの授業

家庭環境が厳しくて睡眠が十分にとれない子や睡眠障害がある子が増えています。安心して眠れるのは、とても幸せなことです。何のために眠るのか、眠らなかったらどうなるのか、睡眠の科学的しくみを学習します。人それぞれ睡眠は違います。自分の眠りの様子を記録することで意識化できます。寝付きや目覚めをよくする方法を学級で交流する授業は、楽しく安心できる授業になります。保健「毎日の生活と体と健康」の学習でとりくんでみてはどうでしょうか。

①人は何のために眠るのか

「明日、睡眠の授業をします」と予告すると、目を輝かせて「授業中、寝ててもいいの？」と聞かれます。「もちろん、いいよ」と答えると大喜び。

導入で、安心して眠れるのは、とても幸せなことだと感じるために、動物や人の赤ちゃんの寝顔を集めた写真絵本『ぐうぐう、ぐっすり』（アスラン書房）をゆったりしたBGMをかけて読みます。

メ モ＊すいみんマメ知識

- 動物の睡眠時間は？
  コアラやナマケモノの20時間から、ウマやノロジカの2時間までさまざま。
- 眠らずがんばった人の世界記録は？
  11日間12分　17歳の男子高校生

すいみんチェックカード

自分のすいみんを調べてみよう！　名前（　　　　　　）

		8日（木）の夜 ～9日の朝・昼	9日（金）の夜 ～10日の朝・昼	10日（土）の夜 ～11日の朝・昼	11日（日）の夜 ～12日の朝・昼
1	夜8時の体温は？	36.7 度	36.4 度	36.4 度	36.6 度
2	ふとんに入った時刻	12時 00 分	11時 30 分	12時 30 分	11時 00 分
3	目をとじてから眠るまで何分かかったか？	30 分ぐらい	30 分ぐらい	20 分ぐらい	15 分ぐらい
4	朝起きるまで何回目がさめたか？	2 回	1 回	2 回	2 回
5	ゆめを見たか？	見た・見てない	見た・見てない	見た・見てない	見た・見てない
6	ぐっすり眠れたか？（○・△・×）	○・△・×	○・△・×	○・△・×	○・△・×
7	目がさめた時刻	7時 00 分	9 時 00 分	9 時 30 分	7 時 00 分
8	ふとんから出た時刻	7時 00 分	9 時 00 分	9 時 30 分	7 時 00 分
9	自分で起きたか？ ※どれかに○をします	自分で起きた 目覚まし時計で 起こしてもらった	自分で起きた 目覚まし時計で 起こしてもらった	自分で起きた 目覚まし時計で 起こしてもらった	自分で起きた 目覚まし時計で 起こしてもらった
10	起きたときのねどこの様子は？ ※どれかに○をします	かなり乱れてた 少し乱れてた ほとんど変わっていない	かなり乱れてた 少し乱れてた ほとんど変わっていない	かなり乱れてた 少し乱れてた ほとんど変わっていない	かなり乱れてた 少し乱れてた ほとんど変わっていない
11	朝ご飯は、よく食べましたか？（○・△・×）	○・△・×	○・△・×	○・△・×	○・△・×
12	朝起きてすぐの体温は？	36 度	36.2度	36. 度	36.4 度
13	昼間にねむくなったか？	はい・いいえ	はい・いいえ	はい・いいえ	はい・いいえ
14	何時ごろが一番ねむかったか？	3 時 30 分	3 時 30 分	3 時 30 分	4 時 00 分
15	昼ねやいねむりはしましたか？	はい・いいえ	はい・いいえ	はい・いいえ	はい・いいえ
16	すいみん時間を計算しましょう。（2から8まで	7 時間 00 分	9 時間 30 分	9 時間 00 分	8 時間 00 分
17	すいみん時間は足りていると思う？ ※どれかに○をします	十分足りている まあまあ足りている 少し足りない かなりすいみん不足	十分足りている まあまあ足りている 少し足りない かなりすいみん不足	十分足りている まあまあ足りている 少し足りない かなりすいみん不足	十分足りている まあまあ足りている 少し足りない かなりすいみん不足

②睡眠のしくみを学ぶ

次に、人は、何のために眠るのか、眠らなかったらどうなるのか、生き物による睡眠時間の違いを資料で確かめます。人間も人それぞれ違って当たり前です。

自分の眠りを土日を含めて4日間記録することを宿題にします。時刻だけでなく体温の変化、寝つき、目覚め、寝相、ぐっすり眠れたかなどを記録し、学級で交流します。子どもたちの生活も見えてきて楽しい時間になります。

眠っているときの睡眠の変化や90分のサイクル、ホルモンや体温の変化と睡眠の関係を映像やグラフなどの資料で学習します（保健指導書）。

寝付きや目覚めをよくする方法を話し合います。「明日の楽しいことを考えながら眠りにつく」「朝日が入るようにして目覚めやすくする」「朝起きたら冷たい水で顔を洗う」などの工夫が出されます。

③24時間眠らない社会をどう思う？

宇宙から見た、夜も明るい日本列島の写真を見て話し合います。夜中に働く若者に不妊やガンが増えている事実を学び、「24時間眠らない日本の社会をどう思うか？」「大人になったらどうするか？」を話し合います。「エネルギーのむだづかい」「8時間くらいは眠りたい」「みんなが安心してぐっすり眠れる『すいみん』にしたい」などの意見が出ます。

睡眠の問題から社会の問題に広げる

早寝・早起きができないことを子どもや親のせいにしてしまうのではなく、なぜ睡眠が大事かを科学的に理解したうえで、社会の問題としてとらえたいものです。

教材・教材研究

教材は子どもの生活に結びついたもの・ことを③（5年～・原発の授業）

どうすれば子どもたちの目が輝く授業ができるのでしょう？　子どもが今、関心を持っていることを教材にしてみませんか？

子どもの未来に生活と結んで

東日本大震災と原発事故は、今の子どもたちの生活だけではなく、将来の子どもたちの生活と密接にかかわる問題です。子どもたちといっしょに考えました。

①子どもの意識調査では

授業の前にアンケートをとりました。その結果、福島原発事故について関心があると答えた子どもは27人中24人、知りたいことがあるは27人中22人でした。そして、18人の子どもたちが意見があると答えました。

子どもたちの意見の一部です。「原発で避難している人たちに、安全ですと言っているけど、そしたら、なぜ原発の近くにいる人は、避難しなければならないのか」「将来原発はどうなるのか」「放射能線量測定器が東北や関東で使われているけど、西日本も測ってほしい」「福井県で地震がおきたら大阪にまで被害が来るのか」などがあり、原発の安全性、将来どうなるのか、原発の有無もふくめて、子どもたちは真剣に考えていることがわかります。

メ　モ＊資料紹介

● 子どもといっしょに学ぶ

『フクシマから学ぶ原発・放射能』監修安斎育郎、かもがわ出版

『カラー図版　ストップ原発』全４巻、大月書店

● 教師用

『安斎育郎のやさしい放射能教室』安斎育郎著、合同出版

『改訂版　放射能　そこが知りたい』安斎育郎著、かもがわブックレット

『増補版　原発　そこが知りたい』安斎育郎著、かもがわブックレット

②総合的な学習の時間を使って

東海・東南海・南海地震が必ず起こるといわれているときに、関西の子どもたちが地震や津波に対する正しい認識を持ち、原発に対する正しい認識を身につけることは、大事な課題です。そのことを学年に提案し、学年として総合的な学習の時間を使って、原発の学習にとりくむことになりました。

③授業で子どもたちが学んだこと

授業は、「東日本大震災について考えよう」に始まり、「福島原発事故について知ろう」「原子力発電について考えよう」、最後の「自分の考えをまとめ、これからの日本のエネルギー政策についても、考え合おう」までの7時間扱いとしました。

手探りの実践なので、先行実践、教材研究者の解説などを読み漁り、教材も手作りで作成しました。授業を終えての感想を紹介します。

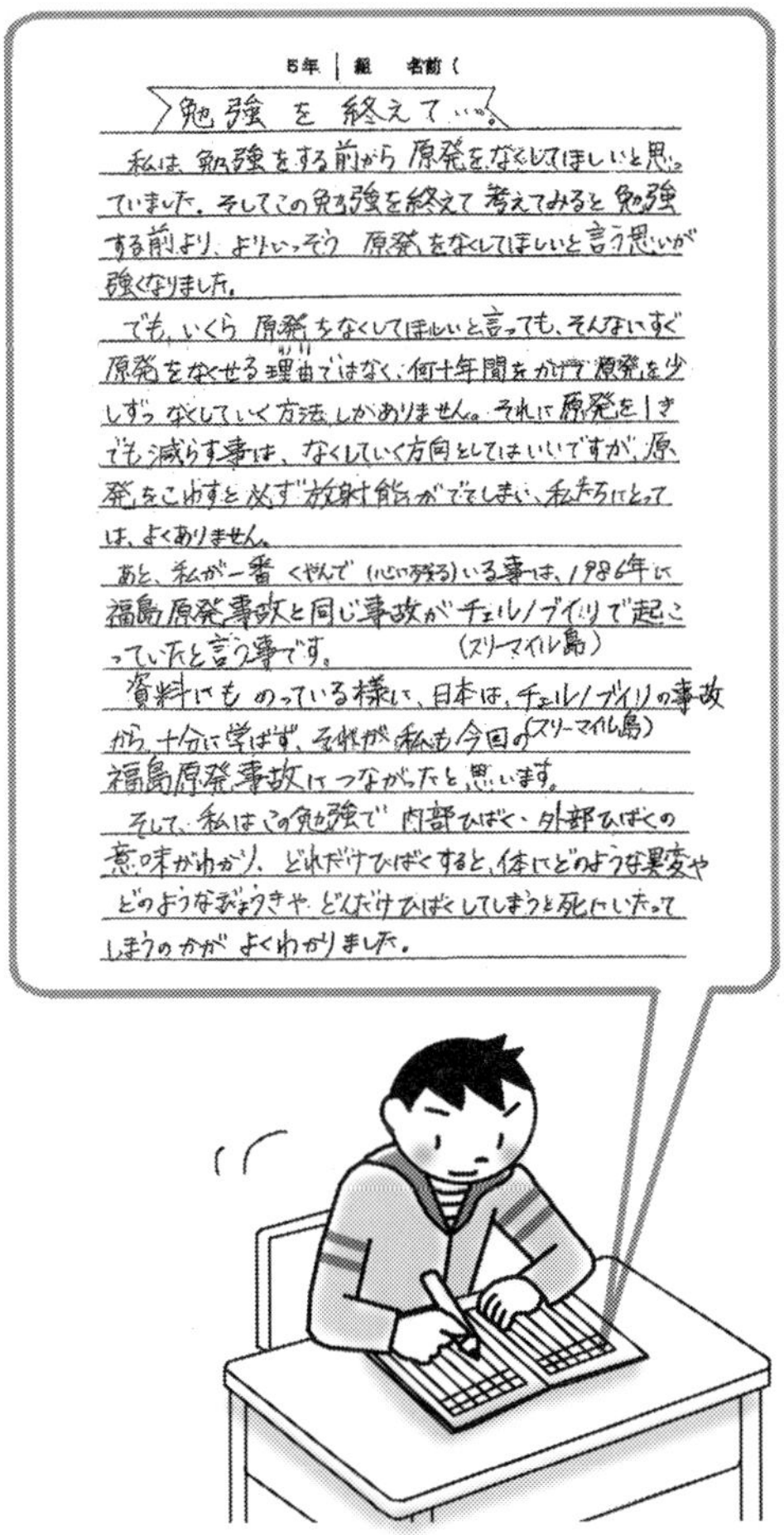
5年 組 名前（
勉強を終えて…。
私は、勉強をする前から原発をなくしてほしいと思っ
ていました。そしてこの勉強を終えて考えてみると勉強
する前より、よりいっそう原発をなくしてほしいと言う思いが
強くなりました。
でも、いくら原発をなくしてほしいと言っても、そんなにすぐ
原発をなくせる理由ではなく、何十年間をかけて原発を少
しずつなくしていく方法しかありません。それに原発を1き
でも減らす事は、なくしていく方向としてはいいですが、原
発をこわすと必ず放射能がでてしまい、私たちにとって
は、よくありません。
あと、私が一番くやんで（心に残る）いる事は、1986年に
福島原発事故と同じ事故がチェルノブイリで起こ
っていたと言う事です。（スリーマイル島）
資料にものっている様に、日本は、チェルノブイリの事故
から十分に学ばず、それが私も今回の（スリーマイル島）
福島原発事故につながったと思います。
そして、私はこの勉強で内部ひばく、外部ひばくの
意味がわかり、どれだけひばくすると、体にどのような異変や
どのようなびょうきや、どんだけひばくしてしまうと死にいたって
しまうのかがよくわかりました。

「最初は、津波はどうやってくるか…どうやって爆発したのか、というわからないことだらけでした…でも日本はプレートにかこまれた世界有数の「地震の巣」ということもわかったし、原発は、ここではっきりと安全ではないということがわかりました。私が1番え〜っとおどろいたのは、使用済み核燃料を安全に処理できないという文章です。どうして、こんなことがわかっていたのに、安全といいきれたのか、不思議です」

科学的認識を育てる

原発について子どもたちは強い関心をもち、生活と結びつけて考えています。これまで「安全神話」が学校教育においても主流でした。だから今、原発に対する科学的な認識を育てる必要があると思うのです。

教材・教材研究

「指導書」や「ネットマニュアル」の上手な活用の仕方

「『指導書』や『ネット』に載っている指導案通りにやったのに、授業がうまくいかなかった」

こういう経験ありませんか。

「指導書通り」「ネットのまま」の授業はうまくいかない

・「指導書」の指導計画は「参考」であり、「指導書」には、「学校や学級の実態に応じて創意工夫して計画を立ててください」と書いてあります。

・「指導書」には、あなたのクラスの子どもたちは見えていません。ですから「指導書通り」の授業をしていると、あなたにもクラスの子どもたちが見えなくなりますよ。

・「ネット情報」も同じです。「ネット」は情報源が明らかでないものがあったり、情報量の多さに混乱してしまったりすることがあるので気をつけましょう。

・「子どもたちと、子どもたちに手渡す教材をじっくり見ながら指導計画を立てる」ことを大切にしてください。目の前の子どもを大切にした指導計画は、たとえ失敗しても授業力を着実につけていきます。「指導書通り」の失敗は力がつきません。

メ モ＊本屋さん

● 教材研究のために本屋さんをのぞいてみよう。教育書専門店の清風堂書店のブックナビはとても役立つ。問い合わせ先 http://www.seifudo.co.jp/umeda/index.html

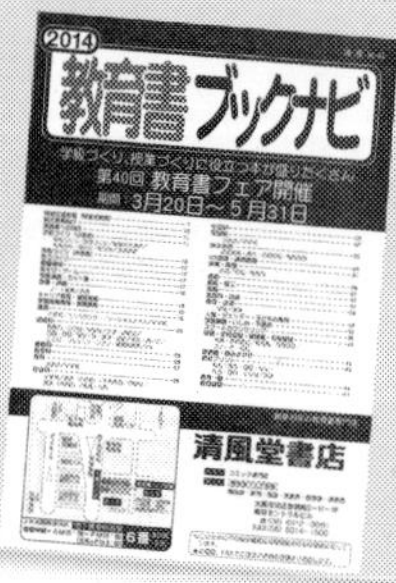

「指導書」の上手な活用の仕方

指導書の値段を見たことがありますか。中には1万円を超えるものもあります。教科書会社が力を入れてつくっていますから、上手に活用すると学ぶことがあります。

①年間カリキュラムをつくるときに

各社とも「系統一覧表」という欄に、幼稚園から中学校までの指導系統一覧表が記載しています。それを見ると他学年との関係や、領域別の流れなどがわかり、それぞれの学校に応じたカリキュラムをつくるときの参考になります。

②充実した参考資料

理科では、実験道具の使用の仕方や注意点、学習することとの発展知識、科学者の紹介などが参考になります。読むともっと調べたくなりますよ。

国語では、「作者紹介」の欄に「指導書」用の書きおろし文が載っていることがあります。また「原典」と教科書用の文との違いなども参考になります。算数や社会にも参考になる資料がいっぱいあります。

「朱書版」（赤本）の活用の仕方

はじめに「朱書版」を見ないこと。はじめに見る資料は子どもと同じ教科書や資料にしましょう。はじめに「朱書版」を見ると、子どもと同じ発想になりません。子どもに手渡す資料と同じもので教材研究し計画を立てたうえで、参考に見ましょう。

また、「『朱書版』を片手に持っての授業」は避けたいものです。「先生の教科書には、答えが書いてある」ことに子どもたちは気づいています。「朱書版」だけに頼る授業は、子どもたちの信頼を失います。

教材・教材研究

教師が夢中になる教材を見つけると授業が楽しくなる①

楽しい授業をしたい、というのはみんなの願い。でもなかなか楽しい授業にならないという悩みも…。まず自分が楽しいと思えることで授業をつくってみませんか。

楽しさを子どもと共有

教師が夢中になれることにとりくめば、教師自身が楽しく授業ができます。その楽しさを子どもと共有できれば最高ですネ。そんな授業に「ミニクッキング」はぴったりです。

①「ミニクッキング」

子どもたちが家庭科の授業を楽しみにするようなとりくみとして、「ミニクッキング」はどうでしょう。授業時間の5分ほどを使って、教師が簡単な調理をし、子どもたちはそれを見て、できあがったものを一口ずつ食べるのです。

「食」は家庭生活のポイントでもあり、子どもたちも興味をもってとりくみます。短時間で調理ができ、しかもおいしい。たとえば「簡単キッシュ」「豆腐ステーキ」「水ようかん」「炊飯器でつくるケーキ」「白玉団子」など。定着してくると、子どもたちは、授業が始まる前から席に座って心待ちにするに違いありません。

準備はていねいにします。本当に5分程度でできるかどうか、あらかじめ試してみることも必要です。また、できるだけ費用がかからないよ

メモ＊レシピは家庭からも

「ミニクッキング」を始めるとアイデアが集まってきました。たとえば、「豆腐ステーキ」「水ようかん」は「おばあちゃんの」と言って子どもが教えてくれたものです。

ミニクッキングレシピ
簡単キッシュ（2人分）
①材料を食べやすい大きさに切る。
ソーセージ2本
（輪切り）
スライスチーズ
しめじ
えのき
きのこ
②卵液を作る。
コーヒーフレッシュ2個
卵1個
塩
こしょう
入れる
入れる
③フライパンに水を入れ、ふたをしてふっとう後、弱火で約5分間蒸し焼き。
できあがり
しあげにパセリを散らす
アルミカップ

うに配慮しましょう。

②授業参観も「ミニクッキング」で

「ミニクッキング」で授業参観をしても楽しいです。市販されているポテトチップスの油の量と手作りのそれを比べ、自分たちの食生活を振り返り、生活習慣病を防ぐにはどうすればよいかを家族ぐるみで考えてもらう、そんな授業もできます。

実際にやってみるとポテトチップスを入れた紙の袋が、市販のものは油でじっとりと濡れてきます。子どもはもちろん、参観にきてくださった保護者はまちがいなく驚かれます。保護者にも手作りと市販を食べ比べるという形で、授業に参加してもらうこともできます。

③「ミニクッキング」で父の日のサプライズを

父の日を前に、学年4クラスの子どもたちに「今日の宿題は、父の日に、お父さんを喜ばせるために、『ミニクッキング』でみがいた腕をふるって、料理をつくりましょう」と呼びかけたことがありました。全員腕をふるい、その日は家族全員楽しい夕食になったようでした。主役のお父さんだけでなく、お母さん、おじいちゃん、おばあちゃんからも感想が寄せられたことで、それが手にとるようにわかりました。

楽しい授業で力をつける

他でもいろいろな工夫ができます。教師が楽しいと思えることにとりくめば、子どもたちも楽しいと思ってくれます。そして子どもたちは、自分が力をつけたということを実感できる授業をとおして、自分の成長・発達を確認できます。そんな授業づくりをすすめてみませんか。

教材・教材研究

教師が夢中になる教材を見つけると授業が楽しくなる②

毎日うまくいくわけではないけど、楽しい授業をしたいですね。楽しい授業のコツは、まず、あなたが夢中になれる教材を見つけることです。

夢中になることを授業に組み込む

あなたが夢中になるときはどんなときですか。音楽・スポーツ・文学…夢中になっているときは、集中して時間がたつのも忘れます。あなたが夢中になることを、教材として追究していけば、きっと子どもたちも夢中になれるはずです。自分が夢中になることを教材化し、授業のなかへの組み込みかたを考えてみましょう。

①「得意なこと」を〝少しだけ〟取り入れる

得意なスポーツのある人は、体育の準備運動のなかに得意なことを入れると楽しいですよ。たとえば、ダンスが得意な人は軽快なリズムの準備体操、サッカーが得意な人はボールを使って準備体操、どのスポーツも準備運動がありますから、いろいろできそうです。

劇や朗読の得意な人は、朝の会や国語の授業で短い詩を朗読するのも楽しい。

絵やマンガの得意な人は、授業の板書に得意な絵を入れて、楽しい板

メモ＊趣味も教材に

あなたがこれまで趣味やクラブ活動で夢中になってとりくんできたことが、役立つときがやってきました。教材研究や教材開発にいかしましょう。一芸は身を助けます。

書を工夫しましょう。

②「夢中になれること」を〝1時間分〟の授業に

各教科の学習や総合的な学習の時間・道徳の時間などで、自分の得意なことをいかせることはありませんか。歴史が得意だったら歴史上の人物からある時代を授業化する、作曲ができるなら「笛」で短い曲を作曲し合うなど、導入や発展の時間としての工夫もできます。また、手品やけん玉が得意なら、学級活動の時間に「みんなと楽しく遊べる遊び」として、工夫してもいいですね。

③もっと知りたいと思う教材を研究してみる

1・2年生の生活科や3年生からの総合的な学習の時間は、その学校その学校で地域に根づいた教材が研究されています。自分から地域に出て行って、地域の人に教わったり調べたり…、自分の知らないことは夢中になりますね。先輩たちの実践に学び、新鮮な気持ちで子どもたちと共に学んでいきましょう。

夢中になれることの可能性

子どもたちと夢中になってとりくんでいると時間がたつのも忘れてしまいます。夢中になった子どもたちからは、きっと新しい可能性へつながる言葉や発見が出てくるでしょう。自分の好きなことだからうまくいくとは限りませんし、思いだけが先走ってしまうかも知れません。しかし、好きなことだからこそ、そこにまた学び合う工夫が生まれてきます。

でも、クラスみんなが夢中になって楽しんでいるように見えても、同じ思いではない子が必ずいます。そのことを頭のなかに入れておきましょう。

第3章
子ども理解

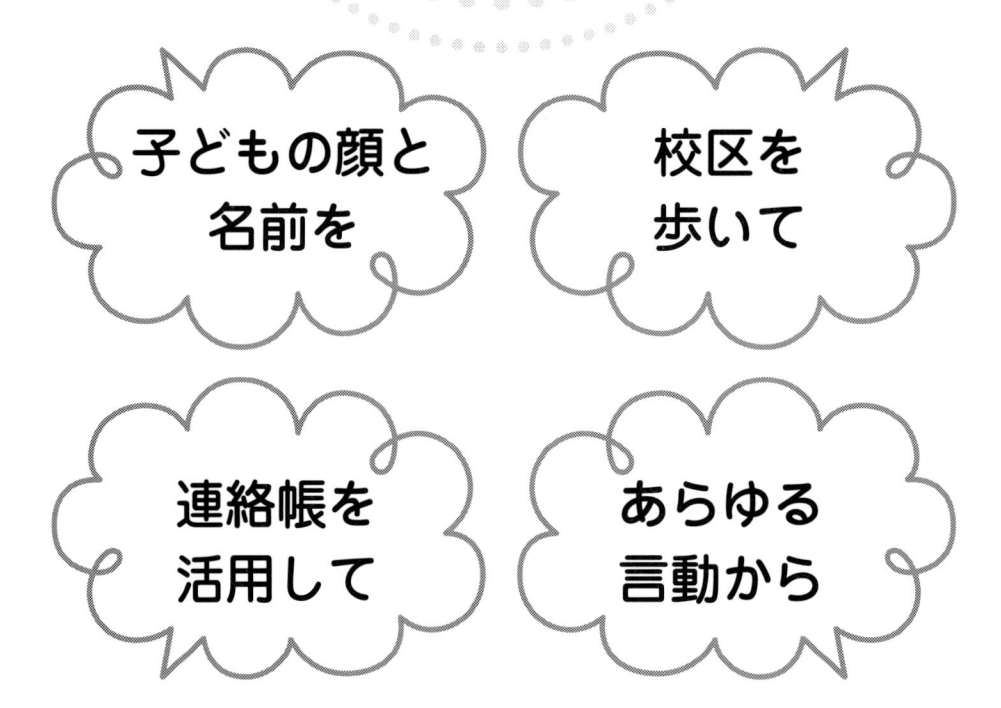

子どもの顔と名前を

校区を歩いて

連絡帳を活用して

あらゆる言動から

子どもの顔と名前を覚える／校区を歩いて、子どもの生活を知ろう／連絡帳を活用して子どもを知る／作文や日記で子どもを知る／子どものあらゆる言動から子どもを知る／子どもの発言や表情、遊びの姿から子どもを知る／子どもに「死ね」と言われたら

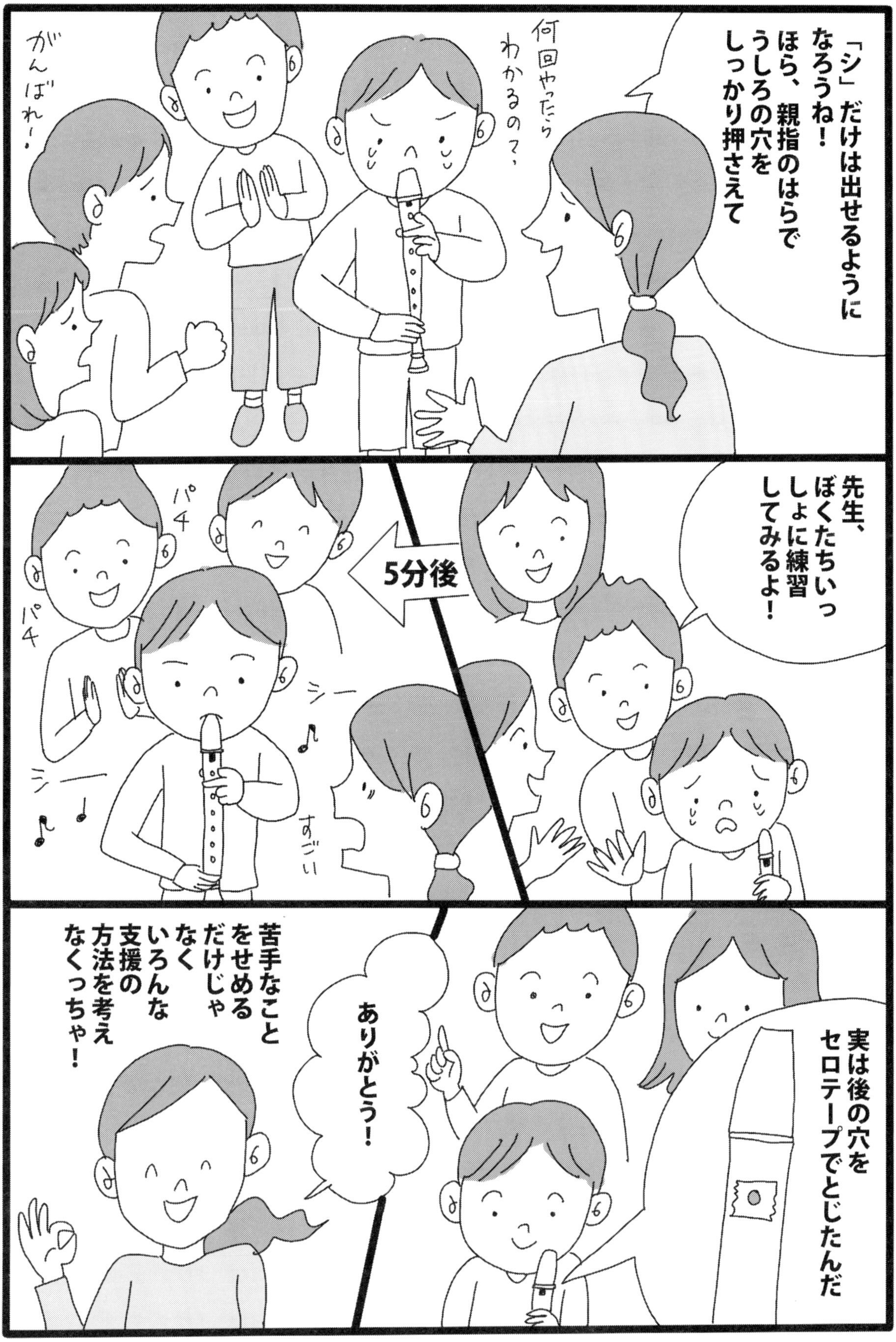
「シ」だけは出せるようになろうね! ほら、親指のはらでうしろの穴をしっかり押さえて
何回やったらわかるのて、
がんばれ!
先生、ぼくたちいっしょに練習してみるよ!
5分後
パチ
パチ
シー
シー
すごい
実は後の穴をセロテープでとじたんだ
ありがとう!
苦手なことをせめるだけじゃなくいろんな支援の方法を考えなくっちゃ!

子ども理解

子どもの顔と名前を覚える

子どもと出会って一番先にする大切なことって、何なのでしょうね。それが、子どもの名前を覚えることなのです。

単に名前を覚えるということではなく

でも、それは、技術的に「1番・有田」「2番・池田」などと覚えるのではありません。名前を覚えるというのは、子どものことを知る、という大切な営みなのです。

①まず読み方や性別をまちがえないこと

最近の子どもの名前は、非常に読みにくいので、ルビを打って、声に出して一度読んでおきたいです。性別も確認しておきます。

②名前には親の願いが込められている

名前には、親や祖父母の願いが込められていることに心寄せたいです。あなたの名前だってそうでしょう。子どもたちにも思ってもらう機会をぜひつくりたいですね。

③学級開きのときの握手からも

一人ひとりの名前を呼んで、握手をすると、まなちゃんはギュウッと握り返してきたな、ゆうまくんは手に汗いっぱい、すごく緊張していたなぁ、翔太くんはお返事ができずに恥ずかしがっていたな、と一人ひと

メ モ＊「子どもを知る」って？

- 兄弟は？　担任する子は何番目？
- 生まれ月（1年生はとくに）
- 子どもの興味関心、好きなこと
- 子どものくらしや親の悩み
- 子どもの身体、健康のこと

子どものことでわかったことは、
その都度メモしておこう。
会議まで５分
あるわ。
有川ゆきちゃんの
こと書いて
おこう。
＜有川ゆき＞
兄弟4人　上から2番目
祖母が好き　よく来る
母　ふるさと広島　パート
父　阪神ファン　スーパーの経営大変
弟　幼稚園　母　手を焼いている
算数苦手意識　作文好き
花の名前をよく知っている
食　なんでも食べる
仲良しの子（伊川・山川）
雑巾しぼるの上手！　手先器用
4歳のとき肺の病気
体温35.8℃
低い

りのことを心に刻みながら名前を覚えていきます。

④新しい教科書を渡すとき

教科書を配ると、「わぁ〜、この本、木のにおいがするわ」と叫んだのは知美ちゃん。「ちがう、3年生のにおいだ」と言うのはまさやくん。「ちがうよ、ウンコのにおいだ」とちゃかすのは恒太くん。「先生、つり橋の話の本、私は持っているよ」と言うのは京子ちゃん。ほらまた、名前を覚えられたでしょう。

⑤保護者からの連絡帳を読んで

「好き嫌いが多く、今も悩んでいます」と書いてあった湧ちゃん。そばに呼んで、嫌いな物を聞いて「先生も子どもの頃、好き嫌いがあったからいっしょだなぁ。大丈夫、心配しなくていいよ」と安心を届けました。湧ちゃんの名前も1回で覚えました。

⑥いろいろな場面で子どもを知る

手品をしたときの反応、通信にのせた詩を読んだときの表情や声、本の読み聞かせをしたときの様子、連絡帳に「3年生になったよ、という気持ちを込めてていねいに書こうね」と呼びかけて、連絡帳に書いてもらった文字を見るとき、充春くんは堂々とした子だな、みのりちゃんは自信のない小さな子だ、気になるなぁ、といろいろ見えてきます。

名前は存在の証

こうして、一人ひとりのことを具体的な手段で知っていきながら、名前をしっかりと心に刻んでいくのです。

先生が自分の名前を覚えてくれたんだ、うれしいな、とパッと表情が輝くのは、子どもにとって自分という存在を大切に受けとめてくれたという深い喜びなのです。

子ども理解

校区を歩いて、子どもの生活を知ろう

あなたの学校の校区はどんなところですか。田畑が広がっている？ 工場がたくさん？ それとも商店街？ 子どもたちが毎日過ごしている校区のこと知っていますか。

子どもが毎日見る風景から

子どもたちは、毎朝、どんな道をどんなものを見ながら、どんな音を聞きながら学校に来るのでしょう。背負ってきたランドセルのなかにはどんな生活が入っているのでしょうか。年度初めに、また季節の折々に校区を歩いてみると、教室のなかだけでは見えない子どもたちの生活が見えてきます。出会う人々から「地域の教育の力」も学べるはずです。

①子どもたちが利用するお店で買い物を

子どもたちは、コンパスやノートをどこで買うのでしょう。お家の人は、晩ご飯の食材をどこで買っているのでしょう。子どもたちに聞いてみてください。大型店舗が増えているとはいえ、食品の安い店や、豆腐のおいしい店、昔からの散髪屋さんなど、意外に詳しい子がいて、教えてもらえます。そして紹介してもらったお店で買い物をしてみましょう。校区のくらしが見えてきます。

メ　モ＊校区の安全チェックポイント

- 集団登校の集合場所
- 子どもたちがよく遊ぶ場所
- 文房具店、スーパー、コンビニ
- 人通りの少ない場所
- 自動車の交通量が多い場所
- 工事中の場所
- 排水口や池、農業用水など

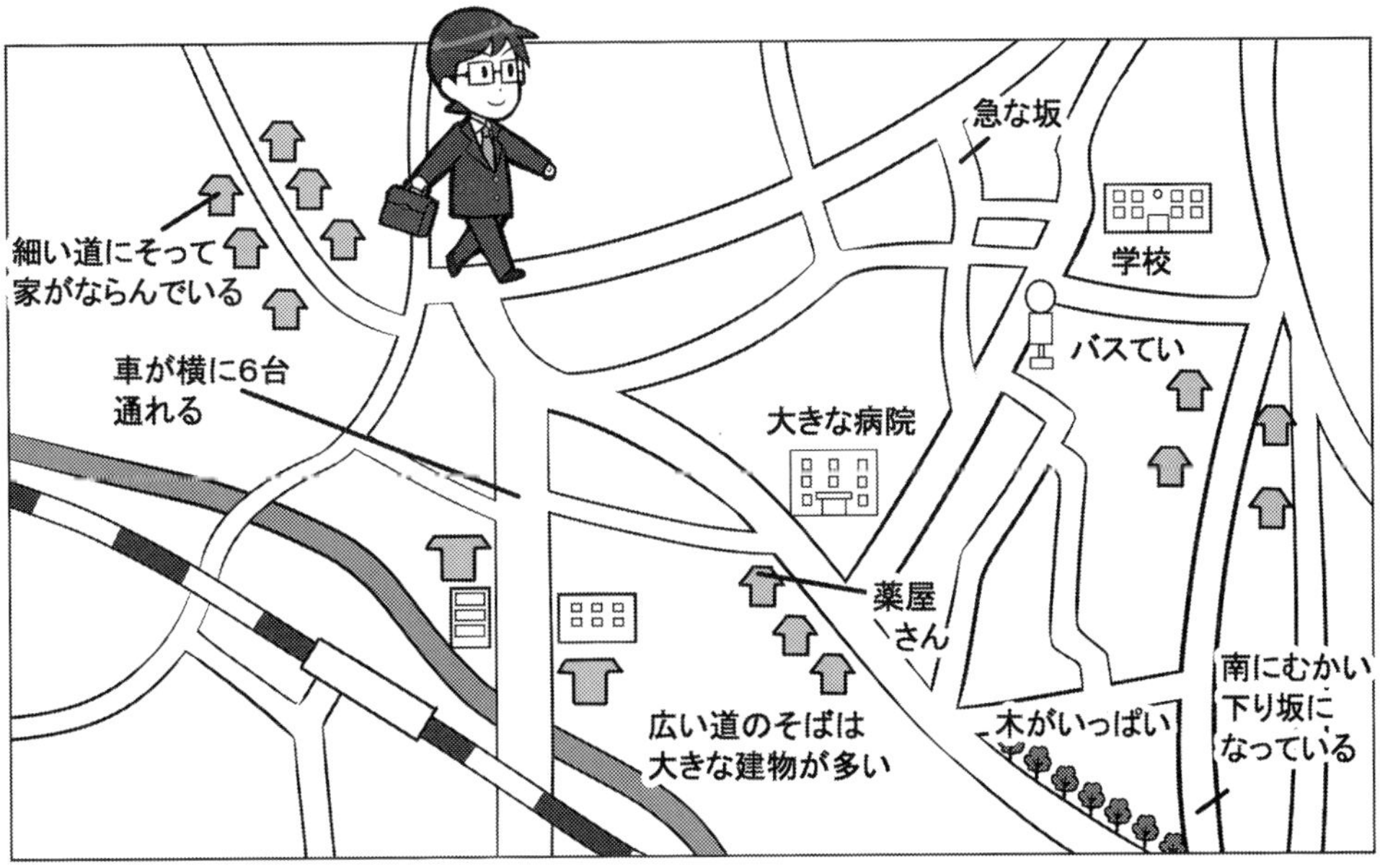

③校区の目印になる物を見つける

病院・工場・駅・大きな交差点・お寺・お墓・神社・コンビニ等々。2年生から勉強する校区の学習で目印となるところを把握しておきましょう。見学させていただけるお店や工場は？　町のお祭りはどこでする？　地域の人から教わることはいっぱいあります。もちろん危険なところや暗いところもチェックしておきましょう。

④山や川、校区の地形や古くからある物を探す

どこの地域にも、その土地に伝わる歴史があります。古くからのものやも新しいものも…。昔はたくさんの子どもたちが泳いでいた川、今もたまった水を地域の人が管理して近くの田んぼに水を送る池、災害の話や戦争の傷跡など。3年生からの地域や地域の歴史学習の教材をたくさん見つけることができます。

校区を知ることは子ども理解の大事な柱

1年生で「犬」という漢字を勉強したとき、子どもたちが校区のほとんどの犬を知っていることに驚きました。犬小屋の大きさ、いろんな家の犬の鳴き声、もちろん名前も。

子どもたちは、子どもの目線で地域をしっかり見ています。作文や日記に出てくる何気ない言葉に子どもの生活や地域が隠れています。

子どもの校区（地域）を知ることは、子ども理解の大事な柱です。また、子どもたちが地域のなかで大切にされていることも、歩くとよくわかります。

歩いているうちに、自分の学校の校区への親しみが増し、課題も見えてきます。

子ども理解

連絡帳を活用して子どもを知る

子どもが意欲的に書き、書くことを喜びとしてくれたらいいのになぁ、と思っている方。こうすれば、子どもはどんどん書き、自分を表現するようになります。

書かせ方もいろいろ

作文や日記をとおして子どもを知るということは広くおこなわれています。ここでは毎日の連絡帳を使ったやり方を紹介しましょう。

①子どもが自分を見つける契機に

きっかけは、保護者が見たくなるような連絡帳にできないかな、と考えたことです。そこで、連絡帳に「ぼく、わたし、発見コーナー」をつくろうと考えました。子どもたちには、昨日と違う今日の自分を発見しよう、と呼びかけました。

子どもが自分の成長を見つめることができるように、そして、保護者と成長を確かめ合えるようにと願ってとりくみをすすめました。「発見コーナー」は、連絡帳を書くときに5分間の時間をとりました。

②「発見コーナー」にこんなことが

ある日のまさ君の「発見コーナー」です。「今日も、そうじでがんばって先生にほめられました。…そして電車のけんでまたいっぱいかいてきたね、とほめられて、2どあったから2どあることは3どあるというこ

メモ＊「発見コーナー」のポイント

・3年生までが効果的
・書くことを強制しない
・楽しかったこと、よかったことがテーマ
※ こんな連絡帳なら、子どもはお家の人に見せたくなります。時には家庭から返信も。

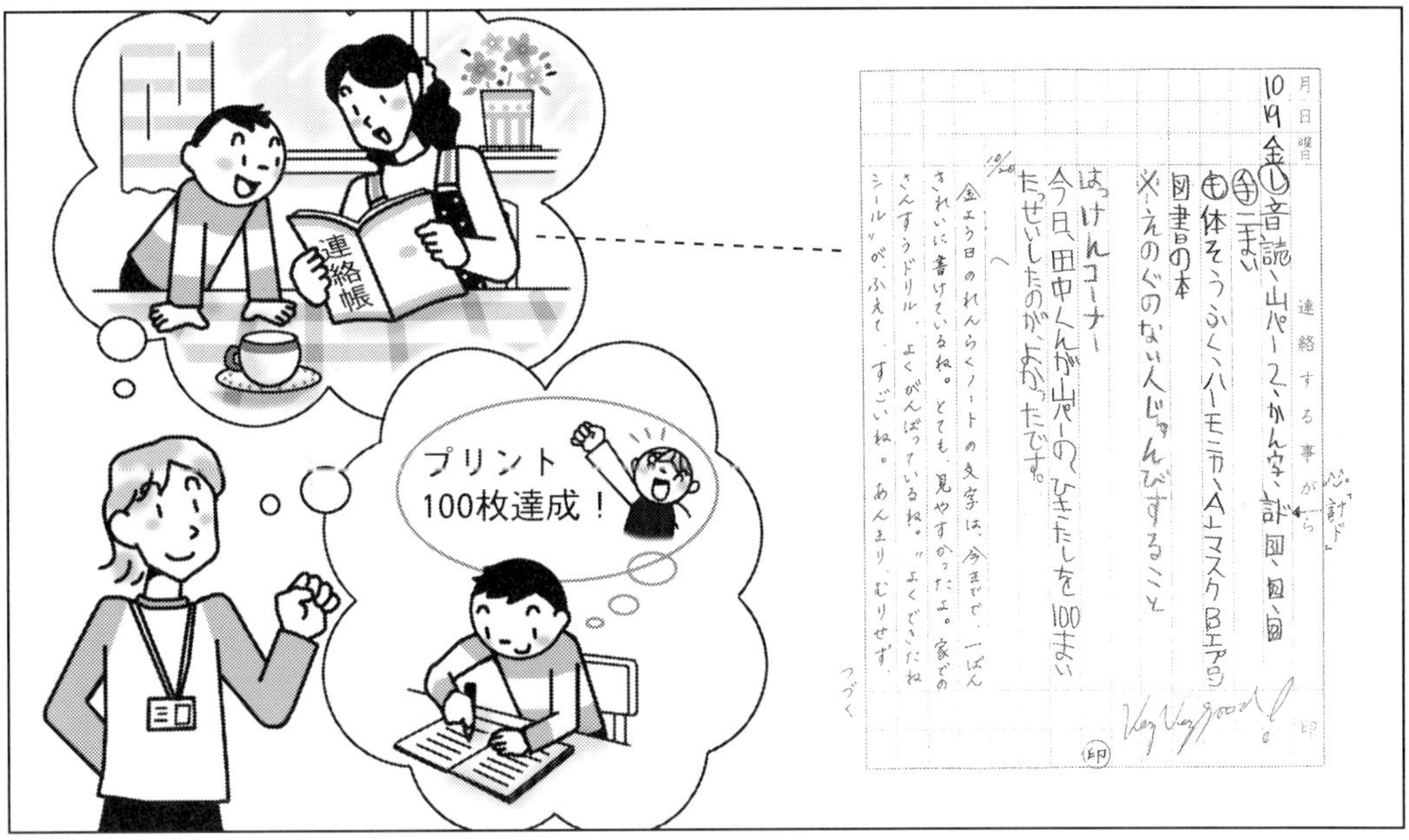

とで、またありそうです。」すると、それを読んだお母さん「ほめられると気分がよくなって、また『何かいいことしよう』という気持ちになりますね。とてもよいことです。3ど目は、今日あるかも…。」私「先生はほめることが大すきです。みんなをほめている時が一番先生をしてしあわせです。」

翌日、まさ君は、「3ど目ありました…何の話かというと『2どあることは、3どある』という話の3ど目です。…きれいに絵をかいて、ほめられました。それが3ど目なので、そのことわざどおりになったので、うれしいです。」と書き、お母さんは「3度目があってよかったね。3度といわず、何度でもほめられるようにがんばってくださいね…」と答えてくださいました。

こうしたやりとりをとおして、教師は子どもの心の動きを手に取るようにつかむことができます。

③子どもと親と教師がステキな関係に

あるお母さんは、こんなことを書いてくださいました。「連絡帳を通じて、先生と子どもと私、三角形の形をしていた関係が、いつしか、その角が取れて、〝輪〟になり、そこに新しい〝絆〟が生まれたように思います。その輪の中で、温かな心遣いや優しさ、今一番大切なことは何か？ といった目には見えないものが培われ、子どもの心の中にも、それが芽生えるようになり、今では、素晴らしい成長の〝糧〟になっています」

保護者とともに子ども理解

「発見コーナー」では、子どもはどんどん自分を表現するようになり、自分で成長を確認していきました。そして、その成長を保護者と担任がともに確かめ、励ます場となりました。

子ども理解

作文や日記で子どもを知る

子どもがなんだかこわい…、私嫌われている…？　あの子、何を考えているのか不安――
こんなときの出番が日記や作文です。

①朝になったら学校がイヤ！　あの子に会いたくない！

パニックになったら手がつけらない、暴力をふるい教室の器物をつぎつぎに破損する、もうどうしたらいいのか…。こんな高学年と格闘しました。どんな指導も入らないという不安のなかでやってこられたのは、日記や作文があったからです。だって、たまに書いてくる日記に「ばあちゃんの家に行ったら、近くに川みたいなんがあって、水がきれいやった。」と書いてくるのです。「ああ、まだこの子とつき合える」と自分を取り戻させてくれたのです。見捨てずにこれたのは、日記からその子の心の声が聴き取れたからでした。

②「ばあちゃんのせ中ふいたった」

しゃべらない、笑わない洋ちゃん、本当にかわいくない。何を考えているのかわからず近づけない…。そんなある日、ひょいと日記を書いてきたのです。乱雑な字ですが「ばあちゃんが病気でふろ入られへんからせ中ふいたった。」と一行書いてありました。

なんともいとおしく、急に洋ちゃんが人格をもった人間として立ち上がってきて感動してしまいました。

子どもの生活が見える日記

前の日よう日、
夜の十時ぐらいにな
ったら赤ちゃんがない
てこまった。それでミ
ルクの作り方がわから
んかったから　だっこ
をして、一時間かかっ
て　やっとねた。
　けどつかれてふとん
に入ったら　またなき
そうになって、トント
ンしてやった。
しんどかったです。

みんなの暮らしが見えてくる
前の日曜日、夜の十時……………。
ボクのとこにも赤ちゃんおるで。よう泣くわ！
うちも親の帰り遅いなあ。
私、オムツ換えを手伝ってるよ。
ミルクは熱かったらアカンネンナ。

みんなに読んであげたとき、洋ちゃんは恥ずかしそうに、照れながら笑ったのです。

③今日も宿題をしてこない子が

「また宿題をしてへんの！」と朝から怒鳴りそうになりましたが、恭ちゃんが珍しく日記を出しています。読んでみると、両親の帰りが遅くて、ぐずる弟の面倒をみていてしんどかったよ、先生――と書いてあるのです。そうか、がんばってきたんだね、と自分のなかに優しいものが流れるのを感じます。子ども発見です。

④上手に書かそうと思わない！

下手、短い、字が汚いなどとケチをつけないで作文や日記を読んでみてください。その子が一番伝えたかったことをいっしょに喜んだり、悲しんだり、共感したりしてやることが最も大切です。

⑤忙しくてもできる作文・日記指導を続かせる工夫

・A4半分の紙に5行程度の線を入れた紙を用意しておく。担任やみんなに聞いてほしいことがあれば自由に書く。

・休日の翌日などは、休日の出来事を4、5人に話してもらい、その後、みんなにも気楽に書いてもらう。そのときに書けなくての強制しない。これを朝の会に読んであげるのがコツ。

・日記帳を作り、月曜日は1、2班が提出と、週2回くらいの提出日を作る。毎日では大変です。これも読んであげると学級が変わるし、文章もいきいきしてきます。

★　★　★

日記や作文は今こそ出番です。書くことで育ち、読み合うことで集団が育つ。始めてみませんか。

子ども理解

子どものあらゆる言動から子どもを知る

言うこと、すること、本当に腹立たしく、嫌いになってしまう子どもはいませんか？

言動の裏にあるもの
～安心のある教室～

〝困ったことをする子どもは、困っている子ども〟などといわれます。その言動には、わけがあるのです。

①友だちがほめられるのが悔しい？

絵の色が美しいとほめられた子どものところに行って、「ヘタ！」と言う子どもがいます。「そうか、ゆきちゃんは前の学校で、一生懸命描いたのに、ヘタヘタって言われて、悲しかったんだなぁ」と言うと、ピタッと表情が止まります。

②渡されたテストを捨てた康ちゃん

テストをもらったとき、しばらくじっと眺めてから、おもむろにポンと捨てる4年生。「そんなにテストが嫌なら止めなさい」と言うと、ブチッと切れて飛び出すのですが、「大丈夫。康ちゃんは『オレもこのテストできたらいいのになぁ、百点取りたいなぁ、くそっ！』ってテストを丸めて捨てたんだ。大丈夫だよ」と言うと、本人はもとより、クラスの子どもたちのなかにふわあっと安心の空気が広がります。

「僕があんなことをしても、先生は受け止めてくれるんだ。この教室で

メ　モ＊子どもの言動から見える本音

● なんてことを！と感情的になる前に

・ひいきするなー！
　→私のこと僕のことも大事にして。
・言うことコロコロ変えるな！
　→毅然としてください。
・厚化粧をとれ！
　→素を見せて僕たちとつきあって。

ある日のテスト時間
大丈夫よ。康ちゃんはオレもこのテストできたらいいのにって思っているのよ〜。
康ちゃん、いっしょにやろうか。

はダメな自分を出してもいいんだ」という安心なのでしょうね。言動の裏が見えてくると、子どもがいとおしくなってくるのですよね。

③授業中に「いやだ。いやだ」とつぶやく子ども

2年生の「かさこじぞう」の授業中です。何を言っているのかと確かめたら、「かさこじぞうのじいさまとばあさま、仲がいいからええわ」と言うのです。よくよく聞くと、両親が別れると大げんか、夕べは母親が家を出て行かないように、ひもで母親と自分の腕をくくって寝たと言うではありませんか。

小さなつぶやきのなかにも、SOSがあるのですね。

④「宿題忘れた人コーナー」に毎日名前が…

4年生で担任をしていて5年生になったまゆみちゃんは、新学期が始まって間もない頃、廊下を通ると、宿題を忘れた人を書いた小黒板に今日も名前が書いてあるのです。あれぇ?と見ていたら、4日間も続きました。

本人とばったり出会ったので、「まゆみちゃん、毎日、宿題していないの? どうしたの?」と尋ねると、「兄ちゃんが…兄ちゃんが…」と言って泣き出しました。家庭内暴力が始まっていて、家のなかは修羅場でした。すぐに担任といっしょに家庭訪問をしましたが、宿題忘れにも深い理由があるのです。

子どもがかわいいと思えたら

子どもの言動の裏にあるものが、こうして見えてくると、子どもがかわいくなってきますよね。子どもがかわいいと思えたら、元気が出ます。

子ども理解

子どもの発言や表情、遊びの姿から子どもを知る

「何でこんなことをするのだろう?」つい叱ってしまったことはありませんか? でも、その行動はなくならない。困ってしまいますね。そんなとき読んでみてください。

子どものすることの背景は?

子どものすることには、必ず「わけ」があります。その「わけ」がわかれば、その子を理解することができ、指導の手立てを考えることができます。じん君を例に、いっしょに考えてみましょう。

①授業中立ち歩くじん君

5年生のじん君は、学年はじめ、授業中に立ち歩き、教室の隅に行きカーテンに隠れたり、床に寝そべったりしていました。

じん君は、嫌いな教科の勉強になかなかとりくもうとしません。理由を尋ねても、言葉にすることができません。また授業中にいきなり立ち上がりその理由も言いません。「席にすわりなさい」と促がせば促がすほど、その行動は続きました。

なぜそうするのか? あきらめずに給食の時間などに「何でそんなことしたの?」と話しかけたり、いつもじん君といっしょに行動しているまあ君に尋ねたりしました。

あるとき、じん君が床に転がっていたのは消しゴムを探していたから

メモ＊子どもの声に耳を傾ける

- まず本人に尋ねる。
- 待つ。
- まわりの子どもの声や対応から知る。

じん君の気持ちを学級に伝えるようにする。

だと、まあ君が教えてくれたので、それをじん君に投げかけると「うん」と答えてくれました。友だちのまあ君から聴き取ることでじん君をしだいに知ることができ、じん君も「はさみを貸してほしかったから（席を立った）」などとボソボソと答えてくれるようにもなりました。

②じん君は漫画が好きだ！

あるとき、じん君がどの教科のノートにも漫画を描いていることに気づきました。「じん君、漫画描くの上手ね」とほめました。じん君には、ノートは勉強したことを書くということはわかっていましたが、どうしても漫画を描きたくなるようでした。わかったので、「これに描いたら」と画用紙を渡すと、授業中に、自分が描きたくなってくると、生き生きとして描きだし、立ち歩くことも少なくなりました。

③「漫画を描かせてあげて」

漫画を描くのは嫌いな教科のときが多く、好きな教科のときは授業にとりくんでいます。

じん君は、家でもしょっちゅう漫画を描いていたので、お母さんも、じん君が漫画好きであることを知っておられました。お母さんには「漫画を描くのをとめないで、どんどん描かせてあげて」と話しました。その言葉には、お母さんも安心されたようでした。

子どもの声に耳をかたむける

子どものすることの「わけ」を知ることができれば、教師は困らずに対応できるようになるだけでなく、むしろ、いとおしく思えるようになります。そうすれば子どもの様子が目に見えて変わり、子どもも教師も学校に行くのが楽しくなるでしょう。

子ども理解

子どもに「死ね」と言われたら

子どもに「死ね」と言われたら、あなたは「子どもに嫌われている」と泣きたくなりますよね。

キレる、暴れまくる、「クソババア」と言って蹴る、噛みつく

こんな子どもが教室に一人いると、もうパニックになってしまって、いつ学級崩壊するかと不安になりますよね。その子どもは、あなたのことが気に入らないから、そんな言動をするのでしょうか。いえ、実は、その子どものＳＯＳの言動なのです。「シネー！」と言いながら、自分に言っている子どももあります。「オレなんか、生まれてこなかったらよかったんだ」と。

甘えたくても甘えられない子どもが、教師の腕に噛みつくことで甘えているとしたら、切なくなりますよね。

「先生、死んでくれ」の手紙が机に

6年生を担任していた若い教師の話です。いつもは、ブチギレたら暴れる、蹴るのゆうちゃんが、今日は、あれ？　漢字ノートを破って何やら書いているのです。しばらくしたら、その紙切れを四つにたたんで、教師の机の引き出しに入れにきました。それに気づいた教師は、ちょっとド

先生しんでくれ
こんなメモを、担任する子どもから受け取ったら、あなたは？

キドキしながらその紙を開いて見てみました。

「先生、死んでくれ」と書いてあったのです。ゆうちゃんがじいっとこちらを見ています。目が合いました。そのとき、教師はちょっとニコッとして、「ありがとう」と言ったというのです。それって、できすぎですよね。私など、人間ができていませんから、そんなふうに子どもに返せません。

その若い教師に、どうしてそんなふうにできたのかを聞いてみました。彼女は言うのです。

「だって、いつも『クソババア』なのに、今日初めて『先生』って書いてくれてあったんですもの。それに、LD（学習障害）があるので、いつも文字が気になっていたのに、その日はていねいに書いてあったんですもの」と言うのです。まいったなぁ、と思いました。その教師は、授業が終わった後、ゆうちゃんを側に呼んで、静かに語りました。

「キレたとき、今日は暴れずに、ノートに書いて心を収めて、いい方法を見つけたね」と。そして、同時に『死んでくれ』は、やっぱり先生、悲しかったよ」と、心に沁みるように話をしたのでした。

それからも、子どもが暴れるたびに、周りの教師から「あなたが甘いから、わがままやるのよ。もっとビシビシとやらなきゃ！」と言われ、さすがに彼女の心も疲れました。

だからこそ優しくしたい

そんなとき、彼女は、自分に言い聞かせるのです。「傷つけられ、傷つき、涙をためて生きてきたんだから、怖い先生でなく、優しさで心を溶かしていくんだ」と。サークルに学びに来ては、噛まれた腕を見せながら、仲間に話をし、自分を取り戻して、また学校へ帰っていきました。

第4章
授業

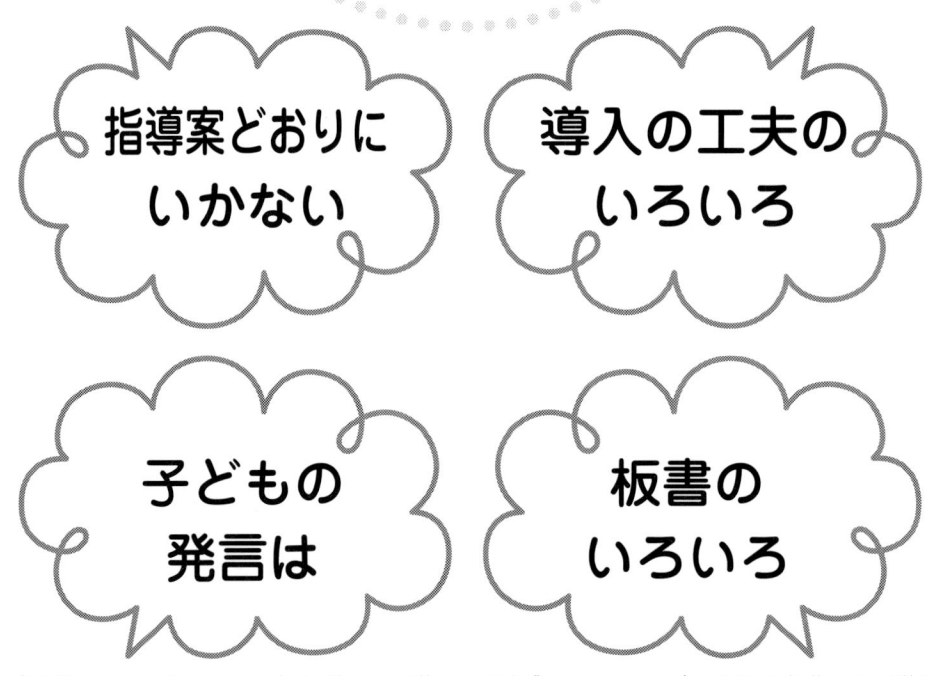

指導案どおりにいかない

導入の工夫のいろいろ

子どもの発言は

板書のいろいろ

え――…音楽の公開授業ですが
はいっ！
私やります！
大丈夫？
当日……
えっと…わらべうたとは
カチンコチン
とにかく指導案通りに進めました。
っということです…
ちらっ
えー！！まだ5分も残ってる……どうしよう！
？
？
誰か助けて〜っ！
先生いつもと同じことをしようよ！
いつもと…
キーンコーンカーンコーン
♫おおきいたいこドーンドーン♪
ほわわーーん…
♪ちいさいたいこトントーン♫

授業

授業は「指導案どおりにいかない」と考える

話し合って何度も練り直した指導案だったのに、授業ではまったく指導案どおりにいかなくて焦ってしまったという経験ありませんか。

「指導案どおりにいかない」のが生きた授業

指導案には、指導内容の理解を深め、学習目標を決め、子どもたちのことを考えながら立てます。大変だけどちょっとわくわくもします。

でも、子どもたちは、35人いたらその日の35人の思いで授業に臨んでいるのです。指導案の枠を超えてこそ子ども、「指導案どおりにいかない」ものなのです。しかし、そうは言っても指導案どおりにいかない授業をどうしたらいいのでしょう？

①参観日や研究授業はうまくいかないもの

参観日や研究授業のときに指導案どおりにいかないと焦ってしまいます。そんな日は子どもたちにも特別な日ですから、いつもよりシーンとしていたり、ハイテンションになったり、予想していない反応をするものなのです。焦らずにゆっくり子どもたちに語りかけていきましょう。逆に「やけに指導案どおりにスムーズにいった」ときは、たいてい子どもたちがあなたに合わせてくれているのです。

メモ

- 指導時間に長短の工夫を。
- 学習指導要が改訂され、算数でいえば授業時数が16％増え、教科書も54.7％も増えました。指導内容の強弱など工夫もいります。

② 「指導案どおりにいかなくなった授業」の進め方やしめくくり方

・教材研究不足を感じたら「次の時間までに調べてくるね」ときちんと言います。

・思いがけぬ意見が出て方向が違ってしまいそうなときは、全面的に否定せず「今日はここの部分を学習します」と方向を提案しましょう。

・時間が足りなくなったら途中でもやめましょう。予定より早くなったときは、すぐにできる学習を、いつも準備しておくとよいです。

③ 「指導案どおりいかないことを楽しめる」指導案

授業は、先生と子どもたちでつくるものですから、指導案どおりにいかなくて当然。そこが授業の醍醐味です。指導案を立てるときに、この発問でどんな意見が出るだろう、どんな展開になるだろうと予想をたくさん立ててください。5つも6つも予想していたのに、それを乗り越える意見がでるとうれしくなります。それは予想を考えるときに、子どもの反応をたくさんイメージできているからうれしくなる「ゆとり」が生まれているのです。

その悩みこそ教師の成長の糧、そして証

「指導案どおりにいかない授業」を何度も繰り返し、子どもたちに助けられ、そのたびに教材研究や子ども理解の奥深さを学んでいくものです。「指導案どおりにいかない」という悩みこそ大切なのです。

教え込み型やここまで必ず終わるというノルマ型の授業で「予定どおりに進んだ」と満足してしまっては、肝心の子どもの姿は見えなくなります。ちょぴりハラハラドキドキのライブ感覚で、子どもといっしょに楽しめる授業をめざしましょう。

授業

導入の工夫①…国語 子どもの問題意識から

「あっ、この勉強、おもしろそう」と目を輝かせてくれると、ヨッシャーと教師も力が入ります。ところが、最初の目の輝きが、10分もすれば曇ってきたのでは困ります。

子どもが意欲的になる導入を

子どもの問題意識をもとにした導入を、『ごんぎつね』を例に考えます。

①やる気が起こらないこんな「導入」

- 「今日は60ページからだったかなぁ。あぁそうそう、65ページだなぁ。開けたか。お前、今日も本、忘れてるじゃないか」と叱責から始まる。
- 「昨日のところ、覚えているか」と、長々と昨日の学習の復習を繰り返しする。
- 「今日は、このことについて読んでいくよ」と、教師が子どもの問題意識や学びたいことも無視して、一方的に課題を立てて授業を進めていくと、子どもは常に受身で、授業というのは教師が進めていくものだと思ってしまうのです。

②はじめの感想から問題意識を探る

文学教材などを読んだ後、はじめの感想を尋ねます。そこから子どもたちの問題意識をつかみ、授業を組んでいくと、導入も意欲的になります。

メモ＊ワークシートばかりに頼っていると…

- 教師があらかじめ課題を決め、答えを枠に入れ込むので、子どものなかに問題意識が育ちません。
- 答えを書かせたら終わり、になりがちです。

子どもの問題意識を育てる
ごんと兵十、ふたりはわかり合えたの?
わかり合えたと思う。
う〜ん…
ごんぎつね
新美南吉
では明日はそのことを考えようね。
・ふたりはわかり合える日がくるのだろうか

「ごんって、どうしていたずら好き?」

「ごん、機嫌よく生きているんだから、放っておいたらいいのに」

　こんな二人の問題提起を経由して、いたずらばかりするごんを読んでいくと、のってきます。

③本題の終わりには課題を

「こんなに近くにいるのに、本当のことが言えない。神様にお礼を言われて、ごんはツライよ」

「気づかない兵十も、かわいそうだ」

「ごんと兵十って、どうなるんだろう」

「どうなるんだろうね。二人は、わかり合える日がくるんだろうか」

「それじゃ、そこのところを明日、やりましょう」

　ここで出された問題意識を、短冊に書いておいて、次回の導入で確認し、みんなで深め合っていきます。

自分たちで立てた課題なので、意欲的になり、1時間を通して、その問題意識が持続しやすくなるのです。

④今日の学習でわからなかったこと、もっと知りたいこと

　授業の終わりに、その日のまとめとしてわかったことや良かったことを書かせることが多いのですが、実は「よくわからなかったこと」や「もっと知りたいこと、みんなで考え合いたいこと」などが大切なのです。

　そこから次時の課題が出てくることもよくあります。

★　★　★

　やはり、導入は教材研究をしっかりとすることと、子どもの問題意識を育て、子どもといっしょに授業を創り上げていくなかで、意欲的なものが生まれてくるようです。

授業

導入の工夫②…算数 導入で授業の方向性を

「導入で子どもたちを授業に引きつけたい」「導入は盛りあがったのだけど後が続かなかった」
…導入の悩みは多いですね。

導入は授業の方向性を決める

なぜ「導入が大事だ」と言われるのでしょう。それは「導入がその授業の方向性を決めるもの」だからです。導入だけ単独してあるものではなく、教材と子どもたちの様子を結びつけ、授業の終わりまでを流れる方向性をもつものをめざしたいものです。ここでは算数の授業を例にあげながら導入の工夫を考えていきましょう。

①「新しく習うこと」のイメージを交流して導入

たとえば、「水のかさ」と言うと子どもたちは何をイメージするのでしょう？ 「水のなかに入れた傘かなあ」「水にぬれた傘かな」「いやいや、何かを計る勉強だから、水を傘ではかるのかなあ」…子どもたちの頭のなかにある「かさ」のイメージがいろいろ出てきます。「水のかさ＝水の量」という意味は、子どもたちにとって理解しにくい言葉です。大人にとっては日常的に使っている言葉でも、子どもたちがどん

× モ＊コピーするだけの導入

● 写真や絵を拡大

今日する予定の文章問題の教科書にある写真や絵を拡大コピー（B5くらい）して子どもたちに見せ、「何だと思う？」と始めても、子どもたちの理解度はぐっと上がります。

写真を黒板に貼ることを考えて板書計画を立てましょう。

なふうに思っているか交流することによって、勘違いしていたことが解きほぐれ、楽しい学習の導入となります。

②ひと手間かけて「実物」で導入

水のかさは水筒の水を計りながら、広さは遠足のシートを比べて、かけ算は6個入りのお菓子の箱や3個ずつのクッキーで(かけ算はこの「1あたり○こ」の物を子どもたちと探すのが楽しい)など。ちょっとした計算も、どんぐりやスーパーボールなど、ほんの少し手はかかるけど、半具体物で示すよりもぐっと楽しい導入になります。

③「生活のなかの数字」をどんどん持ち込んで導入

レシートや値札、セールの割引チラシ、新聞の記事のグラフや表、スポーツの結果表、天気予報、幾何学模様、新幹線や車の写真…生活のなかには「割合」「統計」「模様」「スピード」など算数の導入に使える数字がいっぱい。そのままでもいいですが、カラーの拡大コピーを教室に持ち込み、「これは何ですか」から始めましょう。

「算数、苦手やあ」と言いながらも、「今日は何の勉強をするのかな」と算数への期待は、心のなかにいっぱい秘めています。そんなとき「はい、○○ページ開けて。昨日の続き」なんて授業が始まったら子どもたちの興味はそがれてしまいます。

子どもたちを一斉に教師の方に引きつけ、その日学ぶことの道筋を示すのが導入です。子どもたちの日常生活のなかにある物を使ったり、写真など視覚的に印象に残る物を見せたり、そんなに時間をかけずに準備ができるものがたくさんあります。そして、導入で使ったものを最後にもう一度見せると、しっかりとしたまとめになります。

授業

導入の工夫③…図工 さあ、何ができるかな？

子どもがワクワクする授業をしたいですね。そのためには、導入での動機づけがカギを握ります。新しい発見ができるように子どもの側に立って導入を考えていきましょう。

新しい発見ある導入

まず教師自身が授業展開をシミュレーションできることが大事です。そのカギは導入です。意外性があり、つぎが楽しみになる導入で、子どもが意欲を持つ。低学年の図工を例にとって考えてみましょう。

①好きな人の洋服の色ぬりをしよう

洋服の色ぬりは、低学年の初めての図工に指導する教材として適しています（左ページ参照）。

導入はすべての子どもが、失敗しないようにやさしくて単純なものがいいのです。

・八つ切りの白画用紙1枚ずつ配ります。その画用紙を教師といっしょに「きれいな丸いボールを作ろう」と言いながら丸めます。

・丸めたら画用紙を破らないように元に戻します。子どもたちから「しわしわができた」「これで何すんの？」などの言葉が返ってきます。「さあ、何ができるかな？」ここまでが導入です。

・次に、黄色のクレパスで「しわ」をなぞり書きすると、ただの「しわ」が、複雑な多角形として浮き上がってきます。子どもにとって

マーガレットを描く

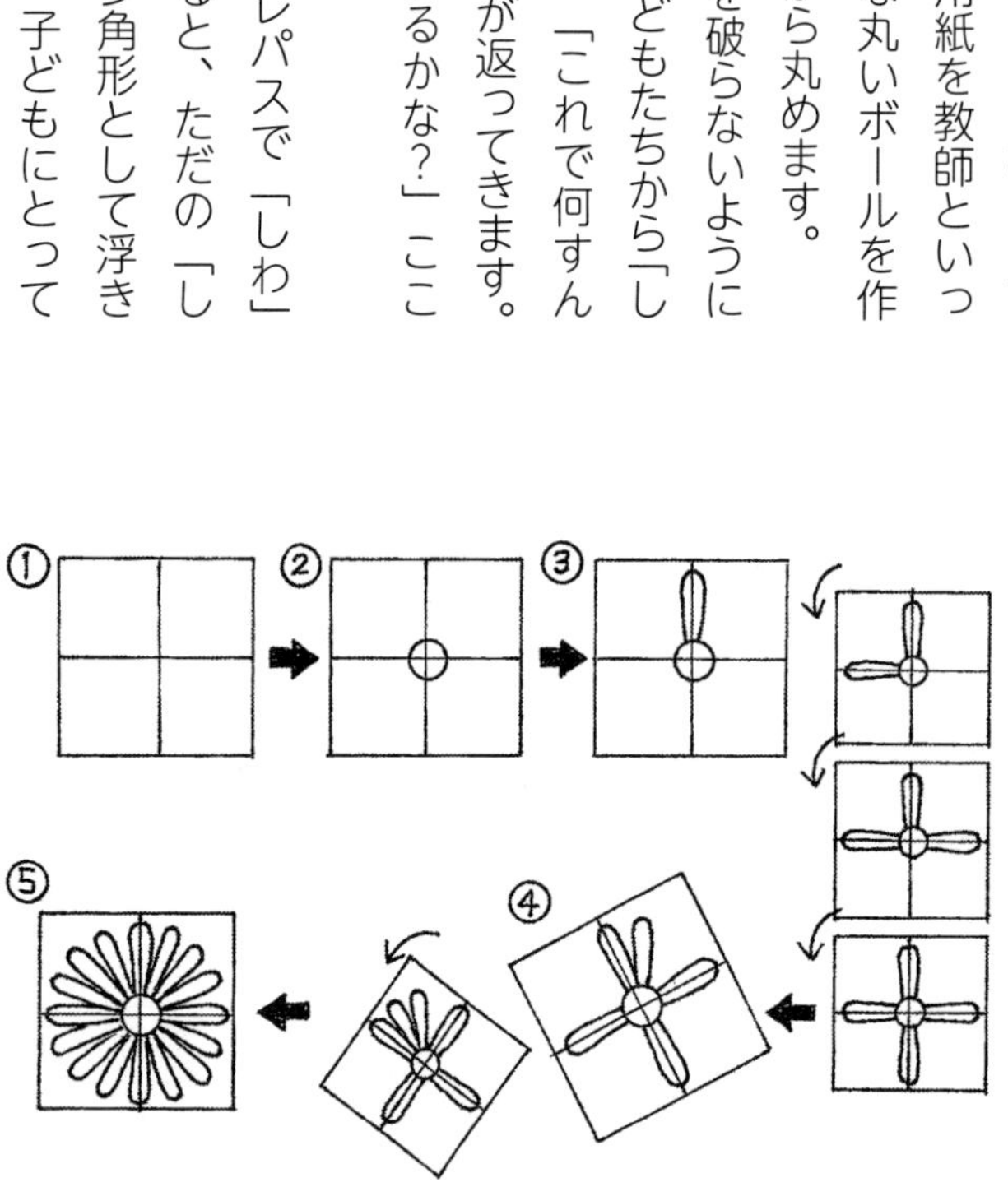

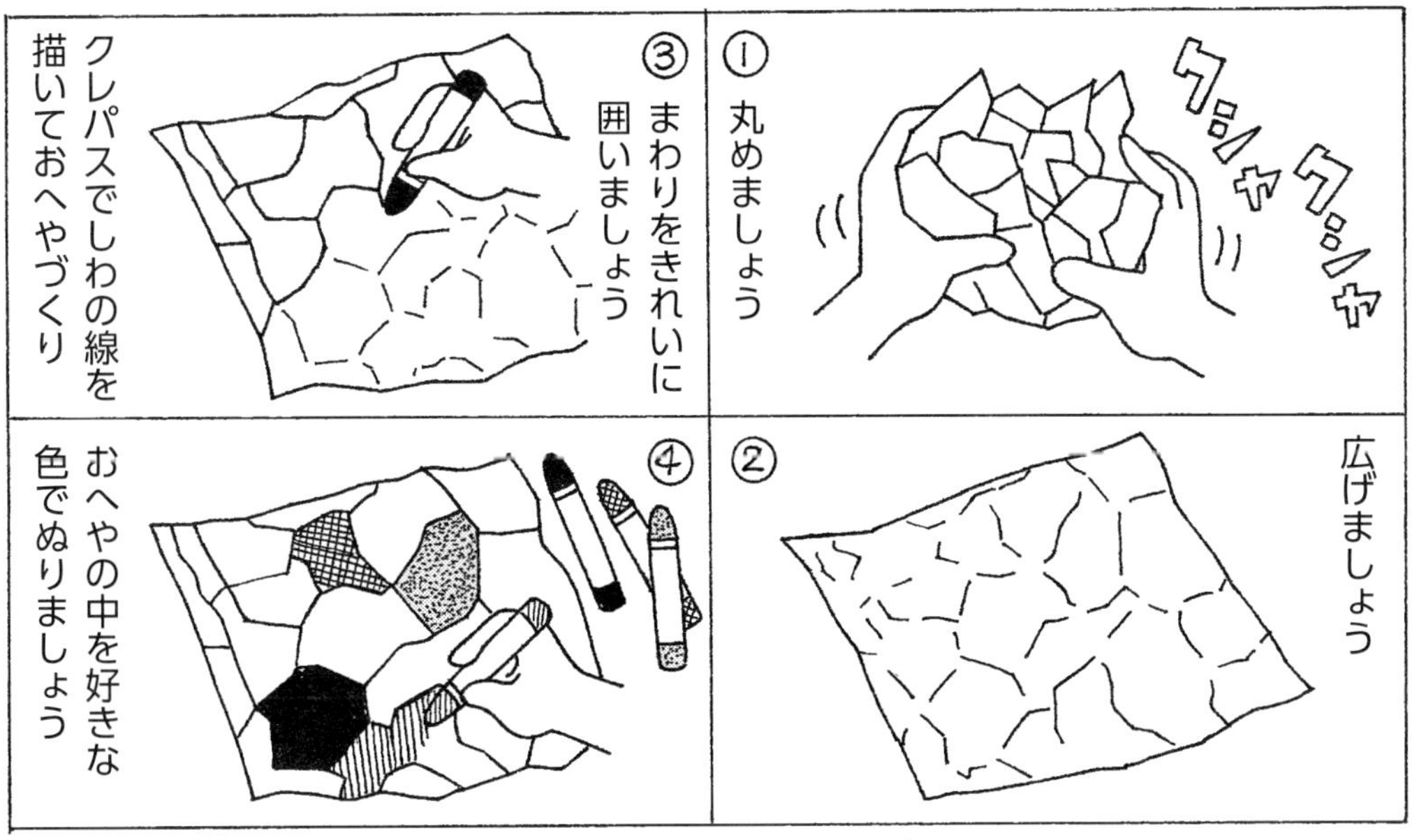

①丸めましょう
クシャクシャ
②広げましょう
③まわりをきれいに囲いましょう
クレパスでしわの線を描いておへやづくり
④おへやの中を好きな色でぬりましょう

は、思いもよらない発見です。

・黄色で描いた「しわ図形」のなかをきれいな洋服地ができるように、いろいろなクレパスで塗ります。塗り終わったら黄色で描いた線の上に黒のクレパスで描き加えると、さらにすてきになります。

②マーガレットのお花を描こう

子どもたちは、花や虫など自然の物に興味をもちます。それらを観察し、それぞれ固有の形があることを知る授業の導入です。マーガレットは、花びらも単純で図形的で、輪郭線を描くのに適しています。色も黄色と白ですから、子どもたちにすぐ識別できます。

・マーガレットを観察します。花びらは、細長くて先の方が丸い形であり、たくさんの花びらがあります。花びらは子どもに数えさせるといいですね。

・最初に、八つ切り六分の一の正方形の色画用紙を配ります。その画用紙の真ん中に鉛筆で十字を引かせます①。次にマーガレットの花の真ん中の丸を描かせます②。ここまでが導入です。

・子どもたちは、何ができるのだろうと興味津々。そこで③のように花びらを描かせます。4枚描けたら、④のように1枚ずつ花びらが上を向いて立つように描かせます。マーガレットが描きあがります⑤。最後に、水彩絵の具で色を塗ります。

授業内容と新鮮な出会いを

導入は、授業内容を十分理解したうえで、子どもが意欲をもってとりくめるようにすることが大切です。それは、子どもが授業内容と新鮮で創造的な出会いをし、また、授業内容から新しい発見がなされるように工夫することです。

授業

単元の導入の工夫…社会・保健・総合

新しい単元に入る授業では、「おもしろそうだな」「なぜだろう」「調べてみたいな」「勉強したら役にたちそうだな」と、子どもの興味・関心を引き出すことが重要です。

子どもの意欲をいかす

新単元に入るときは、子どもたちにとって、気持ちも切り替わって学習に対しての興味や意欲もわいているときです。

社会・保健は身近なことを教材にしやすい教科です。単元の最初の授業で子どもたちから出てきた疑問も、単元計画に組み込んでいきましょう。

①実物を使う

「昔のくらし」の単元では、炭火アイロンや木製の練炭コタツなど、学校の資料室などにある昔の道具を持ってきて「これは何をするものでしょう」と見せることから授業を始めます。

農業の学習では米の袋から生産地や米の種類を言わせたり、野菜を見せて、これは「何県で穫れたものでしょう」などの質問をしてもいいでしょう。

子どもが着ている服のタグを見て、「中国製」などと生産地を調べさせることから工業の学習に入ることもできます。

保健では、自分の歯を鏡で見て、形を調べるなどの導入もできるでしょう。

メ　モ＊話題のニュースも使える

- タバコを吸って謹慎処分のアイドル
  →タバコの授業
- 「TPP ってなに？」→日本の農業・産業
- パキスタンの少女マララさん→憲法の学習

自分の歯を見る導入
じぶんのはを
しらべよう
ライオンのは
ヌーのは
ライオンみたいな
とがったはが
あった
まえのは
ヌーみたいな
はだよ

②写真や映像を使う

社会科の「昔の人のくらし」や「まちのようす」などで、校長室などに保管されていることが多い『○○学校創立○周年記念誌』や、市史などに載っている学校や街の昔の写真を使うと、その変化が一目瞭然。気づいたことを発表させるなどして、現在の様子と比べて話し合うことができます。

保健のインフルエンザの授業では、日本で大パニックになった新型インフルエンザの流行時のマスク姿の人々の写真を使ったり、エイズの授業ではボツワナ（アフリカ）でのHIVの実態を知らせる映像（79ページ参照）を使って問題意識をもたせたりしました。

③新聞を使う

新しい単元に関係のある記事があれば新聞を見せることから授業に入ることができます。写真や見出しを拡大コピーして黒板に貼るなどしてもよいでしょう。

④絵本やお話を使う

社会「公害」の導入では、自分が5年生のときに妹が水俣病を発病し辛い思いをしたことなどを語った講演録や、水俣の人々を撮り続けた桑原史成さんの写真集を使いました。

地域の図書館に相談すると、テーマに関係する本をそろえてもらえます。利用してみてください。

学びたくなる授業

選んだ教材が子どもたちの興味・関心にぴたっとはまったとき、教師はとても喜びを感じ、さらに教材研究がしたくなります。子どもにとっても、授業は受け身的ではなく「自分の知りたいことを学ぶ」授業になっていきます。

授業

現代的な課題に向かう授業もしてみよう

学校や地域、子どもの実態に合わせ、現代的課題にとりくむ授業もしてみましょう。社会や総合学習、保健などで、教材を掘り下げていくとテーマが浮かびあがってきます。

教師の予想を超える反応

しっかり準備した授業では、教師の予想を超えるはっとするような反応が出てきます。教材の背景にある社会問題への関心、教師自身がもつ疑問、周りの教師との話し合いが授業を深くします。

①想定を超えた意見が深めた環境ホルモンの授業（5年生）

山場の授業を参観日に設定し「環境ホルモンの影響を一番受ける生物は?」の宿題を出し、当日紹介しました。日ごろ目立たないあゆみさんは「野生生物。人間は悪い物に気をつけられるけど、野生生物はそのまま体に入るから」と書き、「食物連鎖の頂点にある人間」という答えが多いなかの貴重な意見でした。「あゆみさんの意見が、一番すごいと思いました」と言う子もいました。

子どもからは「それなら影響を一番受けない生物は?」の疑問が出て、話し合いました。沈黙が続いた後、「勉強したぼくたち」という意見が出ました。あゆみさんが書いた「人間は悪い物に気をつけられる」という意見が反映されたものでした。

× モ＊環境ホルモンって何？

- 「にせホルモン」で生殖や発育の異常を起こす化学物質。
- 雌雄同体のコイが生まれたり、イボニシ（貝）のメスがオス化するなど野生生物に異常が。
- プラスチック容器から環境ホルモンが。マークに注意。（× は環境ホルモンが出る）

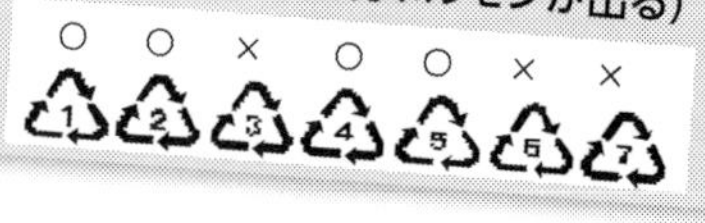

それならみんなに知らせよう
～学んだことをいろいろな方法で～

その後子どもたちは、「それならみんなに知らせよう」と自主的に活動を始めました。あゆみさんは、自分の答えがこんなに反響を呼んだことで自信をつけ、その話題で教師と母親との対話も深まりました。

②自分の生き方を考え表現したエイズの授業（６年生）

ボツワナの母子感染の映像を導入に使いました。

「私だったらもし、自分がＡＩＤＳにかかったら、子どもを産まない。すぐに私が死んだらかわいそうだし、ＡＩＤＳをうつしてしまうかもしれないから」「愛する人がＨＩＶで、性交して（知らずに）かかったら悲しいと思う」などと自分の問題として深く考えた感想が出ました。

そこで①ＨＩＶに感染していたら子どもを産むか（妻に産んでもらうか）②愛する人にＨＩＶをうつされたらどうするかを尋ねました。

「将来愛する人がＨＩＶにかかっていて、感染されても私はうらみません！　だって自分が好きになった人なんだし、その人をうらんでもＨＩＶが治らない！」「私はうらむ派です。なぜなら、本当に愛していたらちゃんとうちあけてくれると思う」と自分の生き方を考えて答え、みんなに「自分がエイズだったら結婚しますか？」と問う子もいました。この問いをきっかけに、授業が終わっても、しばらく学級通信などで意見交換がもりあがりました。

事実から子どもに考えさせる

このような現代的課題は、事実を知らせ、そのなかから科学的な知識や人の生き方を学びます。教師の価値観を子どもに押しつけないようにすること、自分ならどうするかの意見をもたせることが大切です。

授業

深まる授業はこんな発問で

一つの発問で、子どもたちからいろいろな考えが出されてくると、授業がとても楽しくなりますね。『かさこじぞう』を例に、授業を深める発問を考えてみました。

良い発問の鍵は二つ

授業は、発問の良し悪しで決まります。発問の良し悪しは、その教材をどれだけ深く研究しているかによります。だから、教材研究にしっかりとりくむことが、良い発問の前提となります。

さらに発問を考えるときには、こう発問したら和君がこう反応する、恵さんはきっとこう言う、と子どもの姿を想像しながらしましょう。

教材研究によって授業の流れと子どもの姿が見通せれば、その発問によって、授業がうまく展開されるだろうと考えられます。

①作品から読み取れることを

「かさこじぞう」には、じいさまがじぞうさまに〝かさこ〟をかぶせる場面があります。そのとき「かさこをかぶせてもらったじぞうさまはどんな気持ちだったでしょう」と聞く授業をよく見かけますが、作品には、じぞうさまの気持ちが書かれていません。子どもたちは作品から読み取れず、自分で勝手に頭のなかで想像して発言します。いろいろな意見が出てくるでしょうが、だからと言っ

メ モ＊発問力をつける

● 教材研究が第一

- 何度も何度も教材を読みましょう。
- 他の人の授業を見て学びましょう。
- 一人でなく複数で教材研究を。

てこの文学作品を読んだことにはなりません。

②じいさまの視点に立った発問

それではどのような発問がふさわしいのでしょうか。この場面はじいさまの視点で書かれているので、発問はあくまでもじいさまの視点に立って考えます。

かさことつぎはぎの手拭いまでかぶせて、「これでええ、これでええ。」と安心して帰るところに、じいさまの優しさの本質があります。それは、寒くて厳しいのは自分だけでなく、じぞうさまも寒い厳しい状況のなかにいるという共感から生まれる優しさであることが理解できます。

そこをとらえることによって、「人間は、厳しい状況に生きているからこそ、むしろお互いが優しく親切に思いやることができる」という認識に迫っていくことができます。その観点に立って発問を考えることが大切です。

③こんなふうに発問してみる

たとえば、「じいさまは、どうして大事な売り物のかさこをかぶせてあげたのでしょうね」と発問すると、たくさんの意見が出されてくることはまちがいありません。それらの意見に十分耳を傾け、同じ立場にある者としての優しさが出にくい場合は、次に「つぎはぎの手拭いまでかぶせて、これでええ、これでええ、と安心して帰るじいさまをどう思いますか」と投げかけてみてください。きっと子どもたちから多くの意見が出され、この作品を読み深めることができると思いますよ。

発問で授業が変わる

発問は授業の命です。教材に即した発問を考えることによって、授業は見ちがえるように変わります。

この場面の発問は、
じいさまの視点から考えると授業が深まる

授業

「わかりません」が言える授業・教室にする

「教室はまちがうところだ」と言われながら、まちがいや失敗をすると叱られる教室になっていないでしょうか。

「わかりません」と言える教室をつくる

何でも立派で、がんばるよい子がお手本にされ、ほめられる教室のなかで、勉強嫌いや学校嫌いの子どもをつくっていないか、日々、振り返ってみたいですね。

「わかりません。みんな、教えてください」と言える教室、本物の学びは、人間を繋ぎながらともに育ち合うなかで可能になるのです。

教師が、まず、どの子どもも見捨てない教育を。そして、わからない子どもの悲しみを理解しようとする気持ちを持ち続けたいものです。

①教師が進んで「ごめんなさい」を

教師自らが子どもの前で、自分の失敗や誤ちを素直に「ごめんなさい」と言える努力をしたいものです。

②叱りつけない

子どもがまちがいや失敗をしたとき、叱りつけないで、まちがってよかった、失敗して賢くなったという体験をすることが大切です。

③学級全体で失敗から学ぶ

花係の人が水換えをしていて花瓶

メモ＊きちんと、まっすぐ、さっさと

・まちがわない子
・さっさとする子
・けんかをしない子
・いつも明るい子
・いつも頑張る子
※こんな子ばかり求めていませんか？

子どもはまちがいを怖がっている
どうしたの？
まちがったら
どうしよう…。
け

を割ってしまいました。安全の確認をしたら、周りにいた子どもたちにも「ゆきちゃんは、どうして花瓶を割ってしまったか、どうしたらよかったか」を考えさせます。子どもたちはけっこう知恵を持っているものです。「なるほどなぁ、花瓶の上下をこうして持ったらよかったんだ」「ゆきちゃんのおかげで、今日は賢くなれたよね」と、失敗して一つを学ぶという体験をクラスの子どもたちが積み上げていくことが大切です。

④「わからない、教えて」

わからなくて困っている子どもがいたら、「恥ずかしくないよ。『わからないから教えて』って勇気を出して言ってごらん。きっといいことが起きるよ」と励まします。言えたら、「わぁ、まあちゃん、すばらしい!」と、みんなの前でほめます。この教室では、わからないということがすばらしいことなんだ、と教えるのです。

そうしたら、「じゃあ、みんなで知恵を出そうか。どうしたら、まあちゃんがわかるか、考えて」と呼びかけます。私は、その教え方を自分の言葉でノートに書かせていました。教えることを通じて、一段深い学びをしているのです。「なるほどなぁ、ゆきちゃんの説明の仕方、いいね。ゆきちゃん方式だね」。教師の説明よりわかりやすかったりして脱帽です。

⑤授業のなかにも

まとめのなかには「わからなかったこと」「もっと知りたいこと」を書かせたいです。それは、次の学習の意欲と学習内容を発展させてくれるのです。

「わかりません」が言える教室こそ、本物の学びが展開されます。

授業

子どもの発言がつながる授業

「先生が発問して子どもが答えるばかり…、子ども同士の発言がつながる授業にしたいのです」――どうしたらいいのでしょうか。

発言がつながると授業がおもしくなる

子どもの発言がつながっていくと、授業に勢いが出てきて、子どもが主体的に授業にくいついてきます。子どもの問題意識も育ってくるので、授業が深まります。授業がおもしろいと実感できます。

①教師がよい聴き手であること

安心して何でも話せると思えるには、教師がよい聴き手になることが決め手です。（94ページ「子どもの発言を受け止め、うなづく」参照）。

②友だちに向かって心が開ける教室

子ども同士の関係がギスギスしていて、周囲の目が気になって仕方がない教室では、発言はつながりません。自分の思いや考えを自由に書く日記や作文が読まれている教室では発言がつながります（58ページ「作文や日記で子どもを知る」参照）。互いのことを知っている安心感、つながり合っている快さが、友だちに向かって心を開き、言葉をつなぐ、こうした学級づくりが土台なのです。

これを抜きに発表の仕方をしつけたり、ディベードで練習を重ねてもうまくいきません。そういう場合、

メモ＊発言がつながるキーワード

「○○さんにつけたして…」

「○○さんに対して…」

「○○さんと同じ意見です。…」

「○○さんと少し違います。…」

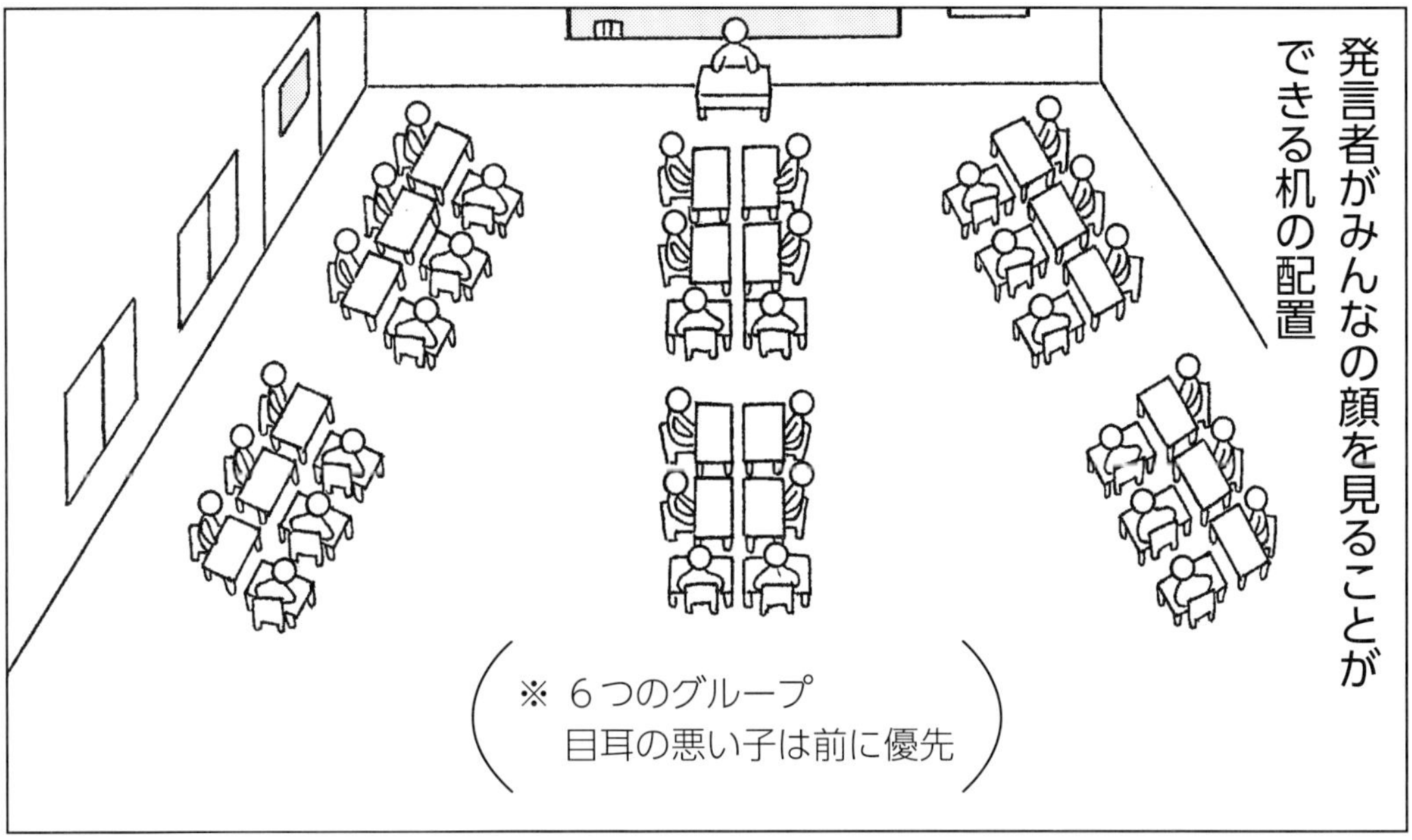
※ 6つのグループ
目耳の悪い子は前に優先

発言者がみんなの顔を見ることができる机の配置

反対意見を言われたりすると、いっそう発言しにくくなったりします。

③発言がつながる授業に意識を向ける働きかけ

年度始めから次のような指導をします。

・子どもは教師の方を向いて発言します。そのとき「先生はしっかり聴いているからね、安心して、みんなの方を向いて話をしてごらん。ケンちゃん、聞いてあげてね」と促します。

・一人が発言します。「今の意見と同じ人いますか？」「よく似ているけど、ちょっとちがう人は？」と尋ねます。「こうしてみんなが意見を出してくれるとおもしろいなあ」と教師が感動します。

・「ゆきちゃんとちがう意見の人ありますか？」と声をかけ、「ちがう考えが出たらおもしろいなあ」と発言を促します。いろいろな考えが出るすばらしさを、子どもたちに実感してもらいます。

・まったく反対の意見は言いにくかったり、言われた方もドキッとしたりして、もう言わないでおこうとならないよう配慮がいります。そんな意見が出るようになったのはすばらしい授業になった証しだと、うんとほめます。

④発言の仕方を育てる

「同じ意見です」「ちょっと違う意見です」「つけたして」「反対の考えです」などカードに書いて教師が黒板に貼っていくのもよいでしょう。

★ ★ ★

授業というのは、まちがいや発見や問題提起があり、友だちの意見に共感をしたり、反発や批判をしながら、人格を響き合わせて、みんなで賢くなっていく学習集団づくりのプロセスなのです。

授業

発言が出ないとき

授業中、子どもたちが発言しなくて困ったことはありませんか？　なぜ、子どもが発言できないのか、そんなときどうすればよいか、考えてみましょう。

発問の意味を子どもが理解しているか

発問は、子どもにその意味が理解できていることが大切です。子どもから発言が出にくいときのために、複数の問いかけや具体的な問いかけを準備しておくことが必要です。

①同じ発問を繰り返さない

授業で子どもたちの発言が止まってしまったときはどうすればよいのでしょう。

発言が出ないのは、その発問の意図が子どもたちに理解されていないからです。そんなとき、問いをくだき、いろいろな言い方で子どもたちに投げかけてみましょう。

たとえば、算数の割合の学習で、「どれがもとにする量ですか？」と問いかけて、子どもたちが黙りこんでしまった場合、もう一度問題文に立ち返って、二つの量を図示し「二つの量があるね。どれとどれでしょう」とくだいてみると、子どもたちは「○○と▲▲」などと答えることができます。それを確認したうえで、「どちらをもとにしてどちらを比べているの？」と聞き直すと、子どもたちは図示されたものをてがかりに

メモ＊発問を振り返る

- 指導案を作るとき本時の目標にそった発問を考えましょう。
- 一番よいのは、授業の録画・録音をして聞いてみることです。

答えられるようになるのです。

　具体的な手がかりを与えてみると、発言するきっかけが生まれます。

②発問の角度を変えてみる

　たとえば、説明文で段落相互の関係を考える授業の場合、「第３段落と第４段落はどのような関係になっているでしょう」と投げかけても、発言が出ないときがあります。

　そんなとき、角度を変えて「第４段落のはじめのつなぎ言葉（接続語）に目をつけてみましょう」と問いかけます。「また」であれば二つの段落の関係は並列、「だから」であれば順接、「しかし」であれば逆接であることを確認したうえで、あらためて「さて、二つの段落の関係は？」と聞いてみると、「第３段落と第４段落は逆のことを言っています」などという発言が出されてくるでしょう。

③自分が日頃投げかけている言葉を振り返る

　たまには、自分の言葉を振り返ってみましょう。

　「何べん言ったらわかるの？　わからないなら、わからないと言ったら？」「わかっているならどうして言わないの？」「今日は元気がないね。いつもとちがうね」（授業参観で）など、つい言ってしまっていませんか？　これらは教師の都合から発している言葉で、子どもの立場にたっていません。これを繰り返していると子どもは発言できなくなります。

子どもの立場にたって考える

　発言が出ないときには、発問が子どもの認識に沿っているか、子どもの発達段階を踏まえているかについて吟味する必要があります。いつも子どもの立場に立って考える、これがポイントではないでしょうか。

授業

「まちがった答え」が返ってきたとき

「まちがった答えが返ってきた」ときどう対応していますか。あいまいな返事をした後、「他に考えがある人」って尋ねたりしていませんか。

まちがいをいかす、まちがいに学ぶ

友だちの発言のあとに、子どもたちが大きな声で「せいかーい」とか「ブブッー」などと言う雰囲気はありませんか。「まちがった答えが出た」ときに教師や周りの友だちがどう対応するかで、クラス集団の力は大きく変わります。

「教室はまちがうところ」「まちがってもいいよ」と言いながら、実際に「まちがいをいかす」「まちがいに学ぶ」ことにつなげるのは難しいものです。教師が授業観や子ども観をみがいたり、教材研究の力をつけたりして「まちがいに学ぶ」ゆとりの力をつけたいものです。

①「まちがった答え」が発言されたとき

正解でもまちがいでも、「どうしてそう思ったのですか」と尋ねるようにしましょう。「なぜそう答えたか」を聞くうちに、その答えの背景の考え方がわかります。質問を勘ちがいしていたり、質問の方があいまいだったためにまちがうこともあります。まちがうところは、自分の考えを詳しく話しているうちに、本人がまち

メモ

- 「まちがい」がたくさん出るクラスは良いクラスです。
- 子どもたちが自分の考えを発表できるクラスだから、「まちがい」も言えるのです。
- そのまちがいで、子どもたちにしっかりとした学力をつけることができます。

まちがいは大切に
これでいいですか?
42
× 73
126
294
420
42
× 73
126
294
3066
訂正は黄色のチョークで
42×73の答えを書くところに注意しましょう。
あ、私もまちがえた。

がいに気づくことがあります。

② 「まちがった答え」が黒板に書かれたとき

子どもが黒板に書いた答えは、みんなで考え合う大切な教材です。まちがった答えを書いたとき、どうしてそうなったか説明するうちに本人が矛盾に気づくことがあります。同じようなまちがいをする子が必ずいますから、たくさんの子どもたちがいっしょに納得する時間です。

消してしまったり、赤いチョークで×をつけずに、黄色のチョークでていねいにまちがい直しをしてください。まちがいが大切にされたことが伝わります。

③ 「まちがい」を予測する力

「まちがった答え」は〝授業展開の伏線〟になるものが多いです。子どもはどのように考えるだろう、どんなまちがいをするだろうと予測する力をつけましょう。そうすればその「まちがい」の大切さに気づき、本時の学びにいかしていくことができます。

まちがうところほど学習のポイント

「正解!」と言うと、すっきりしたように感じるかもしれませんが、授業はクイズ番組ではありません。子どもの発言を「正解」「まちがい」という二つに分けず、「どうしてそう思うの?」と聞いていくと思わぬ深い学びが広がっていきます。「一人のまちがい・勘ちがい」は氷山の一角。一人まちがったら、同じようなまちがいをしている子や、どこがまちがっているのかもわからない子どもが必ずいます。まちがうところほど学習のポイントです。ゆっくりていねいに学び合う時間にしていきましょう。

授業

「おもしろくなーい！」否定的感想をいかす授業

授業中さまざまな感想を表現する子どもたち、その感想をいかしたいが、期待しているような反応でないこともたびたびです。トーンダウンしそうなその声をいかすには。

子どもの否定的な反応を引き受ける

一生懸命教材研究をして授業に臨み子どもたちの反応を楽しみにしているとき、時間がたりず少し不安な気持ちで授業に向かっているとき、「おもしろくなーい！」なんて言われたら…。

子どもの否定的に聞こえる感想や態度に、教師はがっかりしてしまいがちです。でもその反応こそ引き受けて、いかしていきましょう。学習活動を通しての子ども理解につながります。

①「おもしろくなーい！」と言われたとき

導入で思わずしらけたとき、少し斜めに構えた高学年ならこう言います。そんなとき「ほんまやね。ま、勉強してみようか」とさらりと共感の言葉を言って、流すと進みます。

否定的な感想が出るクラスはよいクラスです。子どもは感じたこと思ったことを率直に言うものです。否定的な言葉が出るクラスは、子どもたちが素直に育っていると思ってまちがいありません。そしてその一

メモ

●「期待した反応が返ってこなかった」

…そう感じたあなたは、子どもの反応に気づいたのです。授業力一歩前進ですね。

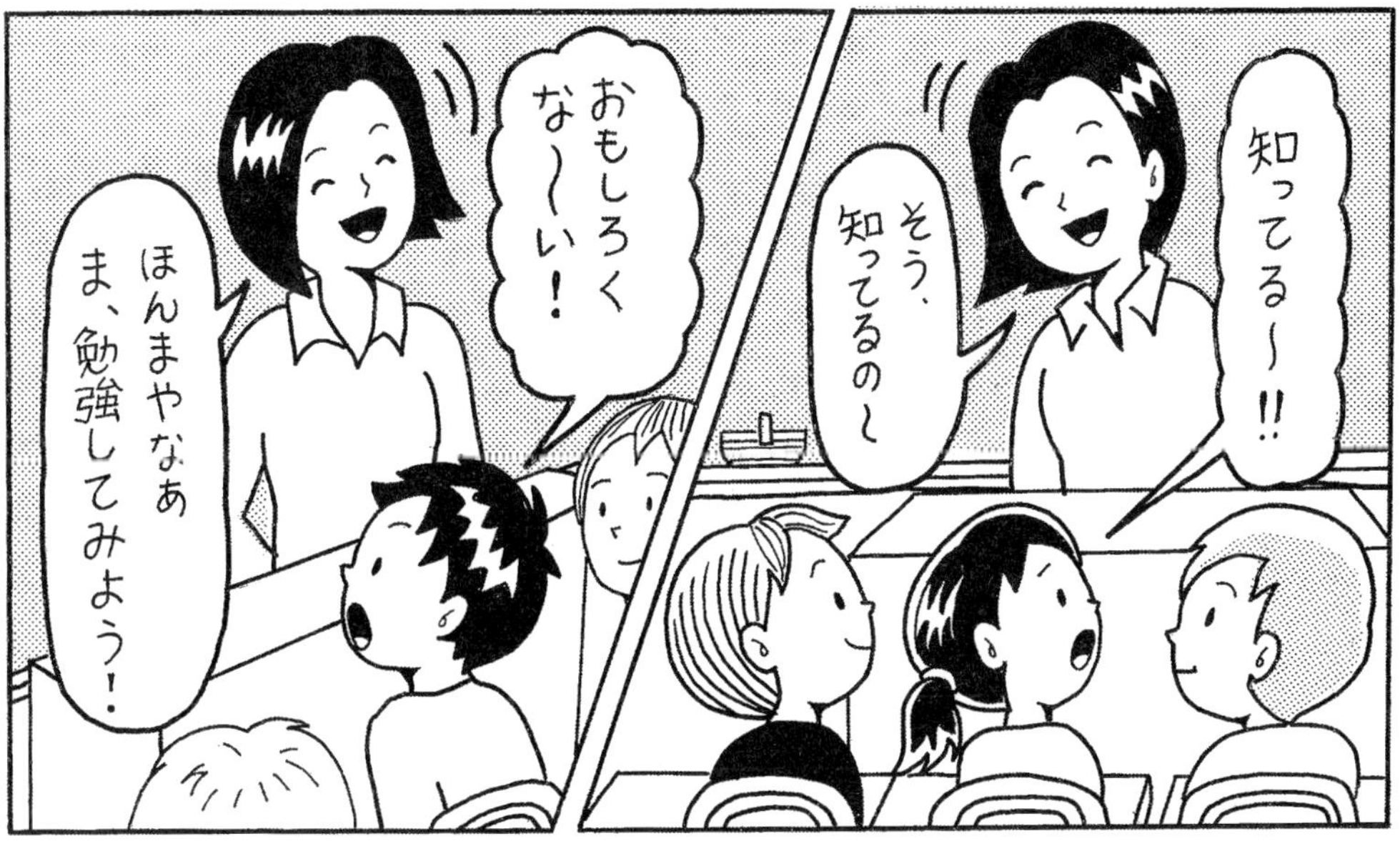

見否定的な言葉はけっこう本質をついています。また「おもしろさ」を考えてみましょう。

②「えーまたやるのー」と言われたとき

「はい。またやります。昨日とちがうところを見つけましょう」とリードします。中学年の算数など、教えている方も〝えーまだあるのか〟と思うほど学習内容が多いです。子どもより先にめげないように、ポイントをよく決めて進めましょう。

③何を言ってもしらけた雰囲気のあるとき

何を言っても感想・反応のないときはどうしましょう? 自信なさげに人の後ろに隠れている子、目を合わさない子、どんよりとけだるそうな子。覇気がなく不機嫌にも見える子どもたちは高学年になると増えてきます。大人に対する猜疑心がとれないでいるのかもしれません。気になるけど、「ハーイこっちを向いて」と無理矢理リードせず、授業を進めていきましょう。授業以外の時間にこちらから雑談をすることを重ねているうちに、少しの反応がつかめるようになります。がんばって!

子ども理解の第一歩

子どもと過ごす時間は、1日のなかで「授業の時間」がほとんどです。この「授業中に子どもたちの見せる反応」を大切にしたいものです。ついつい「どう教えるか」という教師の側の課題から子どもの反応を見てしまいがちですが、学びの主体は子どもたちです。時間はかかりますが、否定的反応が返ってきたことは、子どもを理解するうえでの貴重な第一歩です。

授業

手を挙げて発言しない子の思いもいかす授業

授業中、手を挙げて発言していない子どもたちも、豊かな思いをめぐらせています。その思いをどういかしていったらいいでしょう。

話す・聞くが楽しいクラス

話すことの苦手な子どもたちに、発言を求めるとますます緊張してしまうことがあります。次のような日常のとりくみを積み重ね、手を挙げて発言しない子や発言しにくい子の思いもいかせる授業を工夫していきましょう。

①まず「雑談」から

話すことの苦手な子どもたちには、「話すこと」を求める前に「話すことへの抵抗感を取る」ことが大事です。そのためには話すことの苦手な子が、クラスのなかで気楽な「雑談」をたくさん「聞く」ことが大切です。

子どもたちは給食を食べているとき、とりとめもない雑談を実に楽しそうにしていますね。食べ物や家族、テレビやゲームのことなど、結論のあるような無いような会話を楽しみ、話すことの苦手な子たちも、楽しそうに聞いています。あの雑談がとても大事なのです。

まず担任が、休み時間の子どもたちの雑談に気楽に参加したり、授業の導入を、「今日先生が学校に来る

メ モ＊クラスの雑談力

- まず先生の雑談力を高めよう。新聞で知ったこと、通勤の途中に見聞きしたことをクラスの子どもに話すことから。
- とりとめのない子どもの雑談に耳を傾けて、子どもの世界を楽しもう。

話すこと聞くことが楽しい

ときに、こんなことがあったんだよ」と雑談で始めたりして、話すことや聞くことが楽しいクラスにしていきましょう。

②いろいろな表現活動のあるクラスにしていきましょう

自分の思いを表現する方法は「発言」以外にもたくさんあります（104ページ「学習活動は子どもの表現！身体を使って楽しく」参照）。授業中のノートには、文章や式や絵でいろいろな思いが記されています。それを、本人の気持ちを大切にしながら、みんなのなかに紹介するやり方もあります。

体で表現するときには、数人の友だちといっしょに表現すると楽しくとりくめます。

③「書く」表現を大切に

話すことが苦手でも「書く」ことの好きな子はいます。作文はもちろん、普段の授業のなかでも、少しの時間を使って「疑問やもっと知りたいこと、感想」などを書く時間を取りましょう。

子どもたちが書いたものを読むと、担任の方が「こういう思いを持っていたのか」と感心することがよくあります。一人ひとりの子どもに返事を書いた後、学級通信などでクラスのなかに紹介していきます。クラスの学びは、子どもたちの意見でより豊かになります。また、発言しなかった子どもたちも「発言はしなかったけど、自分の考えが大切にされている」という気持ちが授業への参加を積極的にしていきます。

★ ★ ★

手を挙げて発言していない子どもたちも、豊かな表情で楽しく授業に参加できる工夫は、どの子も参加したくなる授業です。日常の雑談から始めましょう。

授業

子どもの発言を、受け止め、うなずく

授業中、先生や友だちに共感してもらうことは、子どもたちにとって、とてもうれしいことです。共感を子どもたちの心に届けるには、どう表現したらいいのでしょう。

共感が新しい世界を運ぶ

あなたは、どんなときに共感してもらえたと思いますか。目を見てうなずいてもらうことほど心強いことはありませんね。子どもたちもいっしょです。共感されたその先に、子どもたちは素晴らしい子どもの世界を広げてくれます。「そういうことが伝えたかったのか」と共感しながら発見してください。

①表情を見ながら「うん、うん」とうなずく

教師はクラス全体に目も気も配りながらも、一人の子が発言しているときは、その子のことをしっかり見て話を聞きます。そうすると、他の子どもたちも、その子の話に集中するようになります。そして、笑顔で深くうなずくことで共感の気持ちが伝わります。

②同じ言葉を繰り返して伝える共感

子どもが「かわいそうやなあと思いました」と言ったら、「どうしてそう思ったの？」などと尋ねるのではなく、「そう、かわいそうやなあと思ったんですね」と子どもが言った言葉と同じ言葉を繰り返す。これ

メ モ＊担任共感力を高めたい！

うなずく練習も必要です。
人の話をうなずきながら聞くことを
意識的に。身につきます。

は、子どもたちに安心感を広げ、「同じ思いの友だちがいるのだという」言葉にできない共感の輪をクラス全体に広げます。

③「いい色だね」「いい声だね」、そばに行ってその子に伝える

図工や音楽・体育などの表現活動ではたくさん共感の言葉をかけてやってください。

うまいとか下手ではない、その子だけがつくった色、その子だけの歌声、その子だけの走り方…、人と比べないその子らしさそのものに共感すると、子どもたちは大いに励まされ力をつけていきます。そばに行ってその子に伝えてください。

④子ども同士の「共感言葉」に学ぶ

「上手！」「すごい」「拍手！」子どもたちは実にタイミングよく友だちをほめます。

子ども同士の「共感言葉」にいっしょに共感すると、共感の輪が広がります。

教師の共感力

子どもたちは、共感されて自分に「良し」を言います。赤ちゃんは、寝返りを打っただけで、一歩歩いただけで「すごい！」「いいよ。いいよ」と認められ共感されますね。その言葉に、赤ちゃんは満足し、自分に「良し」を出しながら、次に成長していくのです。教師のうなずき・共感は、子どもたちに「自分に『良し』と言う力」と「成長していく力」を与えます。

教師が「共感する力」を磨くことも大切です。授業のなかや、また作文の返事を書いたり、図工や音楽の時間にその子だけの表現を発見し共感したりすることから、「共感力」を高めていってください。それこそが指導力です。

授業

「全員、発言をしなさい」これっていい授業？

発表スタイルや発表回数を決めて、発言のない子どもを追い込んでいくというような授業を見かけます。

自分の言葉で話す力

①じっくり考えるゆとりが生み出す言葉を待つ

私は子ども時代、恥ずかしがり屋で、自分から手を挙げるなんて、もうブルブルでした。だから「まだ発表していない人、立ちなさい。自分の考えがあるでしょ。何でもいいから、言いなさい」なんて、毎日やられると、もう学校に行きたくありません。いえ、考えることすらできにくくなりそうです。「ゆっくり考えたらいいんだよ。お話したくなったら、どうぞ」と、安心できる教室こそ、考えもうまれ、言葉が立ち上がってくるのです。

②自分の考えが発表できたら自信に

本当は発表したいけれど、恥ずかしくてモジモジしている子どもに、ちょっと励ましの誘いかけを教師や友だちができる教室は、すてきです。「ヤッター、発表できた」と自信がうまれます。強要や強制とはちがう意欲的な援助こそ大切です。そんな空気のなかで、全員が発言できたら、それはすてきですね。

メモ＊よい「聞き手」になる

子どもたちは共感を待っている！
・表情を見ながら「うん、うん」とうなずく
・相手の言葉を繰り返して共感を伝える
・子どもが使う「共感の言葉」をいっしょに
P.94「子どもの発言を、受け止め、うなずく」参照

この時間、
発表できていないのは…。
山田
川口
藤田
森
北村
発表した子どもの名

③発表できなくても主体的に授業に参加

しゃべらなくても思いを巡らし、考え、言葉を溜めています。発表は苦手だけど書くのなら大丈夫、こんな子どもには書く場を工夫したいです。書いたものを読むなら大丈夫という子どももいます。場《ば》面《めん》緘《かん》黙《もく》症《しょう》の子どもなどは、隣の子どもが代わりに読んであげます。書くことで考えはいっそう深まり、それを交流することで授業の質が高まります。

「ハイ、ハイ」と元気に手を挙げて発表しているから授業が深まった、とは必ずしもいえません。

④自分の言葉で発言できる力を

授業参観で、全員発言した子どもの発言内容をメモしてみると、非常にパターン化した言葉であったり、誰かの真似をした借り物の言葉であったりします。これも発表しなければならないという強制的な空気があると、いっそう輪をかけてそういう状況が出てきます。

子どもの言葉をていねいに受け止め、ゆっくり待ちながら、子どもが自分の言葉で話す力を育てていきたいです。

よい聞き手がいてこそ発言できる

話す力をつけるためには、教室によい聞き手がいることです。教師と友だちが、どんな言葉にも耳を傾け、「うんうん、わかるよ」と共感して聞いてくれる教室でこそ、言葉は活発になるのです。授業づくりの土台に学級づくりがあるのですね。

発言が活発という見栄えのよい授業が評価される今日の状況は、心したいことですね。子どもが心から納得し、できた、わかった、勉強楽しかったよ、と感じているかどうか、謙虚に振り返って、毎日修行です。

授業

いろいろな学習形態を使いこなす

学習形態には、一斉、個人、ペア、グループとさまざまな形態があります。内容や目的によってさまざまな学習形態を使い分けましょう。

いろいろな学習形態

①一斉学習

基礎的、基本的な学習内容を説明するときや、話し合いを深めるときは一斉学習にします。個人学習やグループ学習でまとめた考えを発表したり、課題や論点を集団全体で話し合い深めたりすることもあります（84ページ「子どもの発言がつながる授業」参照）。

②個人学習

算数の計算問題の例題の説明を聞いた後、一人で練習問題を解くとかあるいは国語で登場人物の気持ちを考えてみるなど、1時間の授業のなかで個人学習を大切にする場面があります。

板書をノートに写す、新しい漢字をノートに書くなども個人学習です。きちんと書けているか、答えが合っているかを先生が確かめたりします。ここで注意したいことは、子どもによってできるまでの時間差があることです。早くできた子には課題を出しておいたり、自分ができたらわからない人にやり方を教えるなどの具体的な指示

メ モ＊こんな組み合わせ

学習の課題をつかむには一斉学習。次に個人学習で課題について一人で考えてノートに書いたあとグループで意見交流をし、次は一斉学習で各グループからの発表を聞く。最後は個人学習で1時間を振り返ってわかったこと書く。このように形態の組み合わせを考えていくとよいでしょう。

1時間のなかでいろいろな学習形態を

ペア
一斉授業
グループ
個人

しておきましょう。

③ペア学習

ペア学習では、個人学習のあとに隣の人と答えを比べてみたり、わからないときは教え合ったり、二人で学習的なゲームをしたりできます。宿題やミニテストの答え合わせなどにも使えます。

体育でも見るポイントを決めてできているかどうか見たり、水泳では泳ぎのリズムを口で言いながら横を歩いて補助をするなどの学習ができます。

④グループ学習

4人から6人ぐらいのグループで話し合ったり、理科の実験や家庭科の調理実習などの活動をする場面があります。積極的な子だけが取り仕切ってやってしまい、おとなしい子は見ているだけということもよくありがちですが、どの子も活躍できる中身を考えることが重要です。

グループもいつもの生活班そのまま使うこともあれば、学習内容や目的に合わせてグループを編成し直したり、総合学習などではテーマ決めてやりたい人が集まってグループをつくることもあります。

グループ学習については、次ページから詳しく書いていますので、ごらんください。

学習形態を組み合わせて

1時間の授業のなかでも、指導内容に応じてさまざまな学習形態を組み合わせて、授業をしていきましょう。

授業

こんなときにグループ学習を

とりあえず、グループ学習で…ではなく、どんなときにどんな目的でグループ学習をするのかを考えましょう。

グループ学習のいろいろ

①一人ひとりの意見を出すとき

導入の段階や学習課題や教材についての意見を出すとき、グループで話し合います。全体では発言しにくい子も少人数だと安心して意見が出せたり、仲間の意見を聞いて思いついたりすることもあります。

②テーマについて話し合うとき

学習課題や疑問点について話し合ったり、学習のまとめを行ったりするときにグループ学習をすることがあります。自分の考えをグループで伝えたり、他の子の意見を聞き、多様な考えに出会うことができます。

③意見が分かれたとき

一斉学習をしていて、意見が分かれたときにグループで話し合うこともあります。どこで意見が分かれているのかがわからなかったり、自分の意見を決められなかったりする子もグループでじっくり話し合うことで、意味を理解し、自分の意見を持って議論に参加することができます。

メ モ＊異質グループはこんなときに

● ボール運動のグループ（サッカー、バスケなど）
…チームの強さが均等になるように、子どもと相談して決めるのもいいでしょう。

● リレーチーム
…全員の50m走タイムの合計を出して、チームで差がないように考える。

グループ学習でどの子も参加

たべるものがなくておなかがすいてたからだとおもう
たぬきの糸車
きしなみ
一のばめん
たぬきはどうしていたずらをしたのか
いたずらをするのがおもしろかったから
山のおくだからさびしかったからかな
きこりになにかおこっていたのとちがうかな

④助け合うとき

少人数集団は、安心してものが言えたり、緊張がほぐれるので、学習が遅れがちだったり、消極的な子も学習に参加しやすいという面があります。

低学年の図工の時間などは、説明を聞いた後、グループで机を合わせて絵を描いたり工作をすることで安心してできたり、どうしても一人でできないときに仲間に手助けをしてもらうこともあります。

グループ編成のいろいろ

生活班（教室の座席）をそのまま使うことが多いです。

もう一つは、異質グループと同質グループに分けるやり方です。全体にバランスをとってグループ内にいろいろな子どもがいるのが異質グループ、課題が同じ子どもを集める同質グループです。

さらに総合学習などで調べたいテーマや活動内容別にグループをつくることもあります。

一人ひとりが主体になるグループ学習を

一人ひとりが学習の主体になることが大切です。

「とりあえずグループ」ではなく、目的を考えてグループ学習をすることで、一人ひとりが主体的に学習することができます。グループで話し合った後、出た意見を発表するときに気をつけたいのは、無理に一つの意見にまとめようとしないことです。意見がいくつか出て、一つにまとまらないこともあること、ちがう意見を大事にしていくことを子どもたちと確認していきましょう。

体育の授業をグループ学習で

体育の学習では、自分の姿が自分ではよくわからないのでグループで見合って、どうすればいいかを教え合うと、みんながわかってできるようになります。

側転の学習場面を例に

①マットの準備や準備運動から

最初の時間に全体指導でマットの運び方や敷き方をていねいに教えます。準備ができたらマット運動に必要な準備運動も教えます。ストレッチ、マットの上を首振り歩き、首を回しながら歩く、四つバイで歩くなどです。学習が進むと前時の学習内容までを準備運動に入れます。学習の開始までにグループにまかせて準備運動をすることは低学年でもできるようになります。準備運動が終わったグループは、待ち時間に発明技作りをするように指導しておくとどんどん楽しい技を考えて自分たちで名前もつけていきます。

②技を見るポイントが大事

どこを直せばうまくなるかをお互いに教え合いながら練習していきます。側転の練習では、①指をパーにして手の平全部をマットについているか、②ひじがのびているか③あごを出しているか、④ひざがまがらず足はのびているかなどのポイントを一人が一つずつ見て「手がちゃんとついてなかったよ」「あごを出して

こんなカードを用意

そくてん かんさつカード　月　日(　)　(　　)はん

なまえ／かんさつポイント(〇△)				
①うでがのびている				
②目は手と手のあいだを見ている				
③手がた足がたがまっすぐになっている				

みんなで教え合って側転をしよう

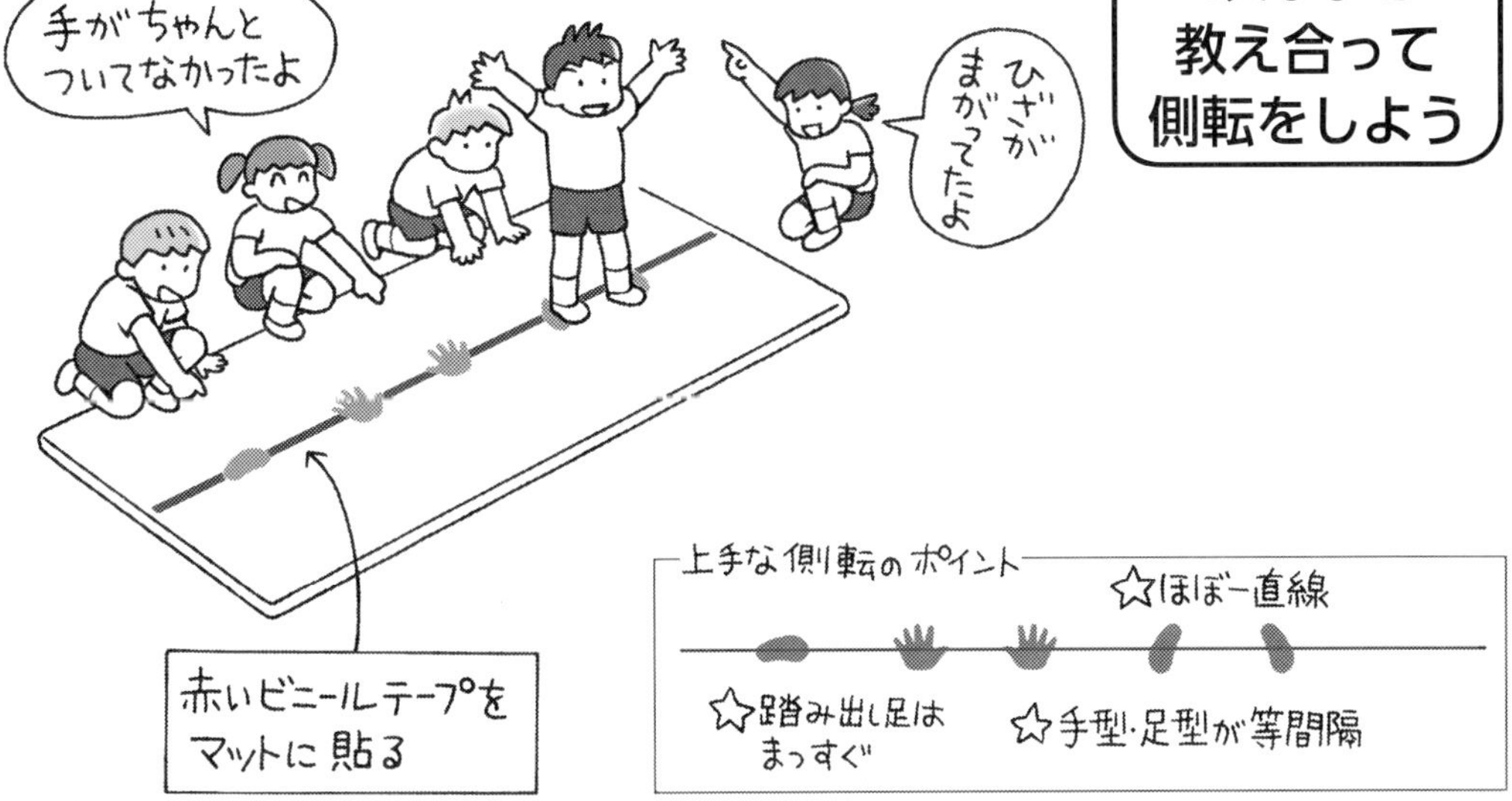
手がちゃんと
ついてなかったよ
ひざが
まがってたよ
赤いビニールテープを
マットに貼る
上手な側転のポイント
☆ほぼ一直線
☆踏み出し足は
まっすぐ
☆手型・足型が等間隔

なかったよ」「ひざが曲がってたよ」と教えてあげます。

誰がどのポイントを見るかをきちんと決めること、できていない子の練習を多くすることが大事です。チェックカードなどを用意すれば教え合いが効果的になります。

③教え合うための教具

図の手型・足形のような教具をグループに配ります。一直線に並べば、側転がきれいにできています。目はどこを見るといいかを意識させるために目玉カードをマットについた手と手の真ん中に置いたり、1.5Mくらいのゴムを2人で持ってゴムに足が届くように意識して側転をするなど、視覚的支援ができる教具も利用すると教え合いがしやすくなります。

④グループノートの工夫

グループノートには、その1時間の課題や技を練習するときの見るポイントとメンバーができたかどうかをチェックする表などが書かれていて、グループで何をどう教え合うのかがわかるようにしておきます。1時間の学習で、できたことやできなかったこと。わかったことやわからなかったこと。教えてもらったこと教えてあげたことなども、学習後に書いて教師がコメントを書いたりクラス全体で紹介すると、さらにグループ学習が深まります。

相互観察と教え合い

グループには得意な子も苦手な子もいるからこそ、教え合いができ、相互観察をしてどういう道筋で技ができるようになるかも学べるのです。教師が一人ひとりに教えるよりもずっと上手になり、仲間を認め合い、できたことを共に喜び合う集団になっていくのです。

授業

学習活動は子どもの表現！身体を使って楽しく

「学習活動」を難しく考えることはありません。身体を使って簡単にできる楽しい学習活動をどんどん取り入れていきましょう。子どもも勉強に夢中になります。

なるほど！ほー！の学習活動

子どもたちは、身体を使って、自分でやってみて学ぶことに充実感を感じます。子どもたちが「なるほど」とか「ほー」と思える学習活動や、工夫し合える活動、楽しく身につく活動などいろいろあります。

①粘土でひらがなを作る

１・２年生の机のなかにいつも入っている粘土。すぐれた教材です。

ひらがなや漢字の「書き順」の意味が理解しにくい子は結構います。印刷してある文字では「書き順」がわからないからです。ひらがなの「あ」を勉強した後に、粘土で長い蛇を作って、ちぎりながら重ねて言って「あ」の字を作ってみてください。「書き順」の意味がストンと理解できます。「画数」の勉強にもなりますね。

②コンパスを使わずに円をかく

「コンパスなしで、正確な円はどうやったら書くことができるだろう?」

コンパスで円をかく前にぜひ、と

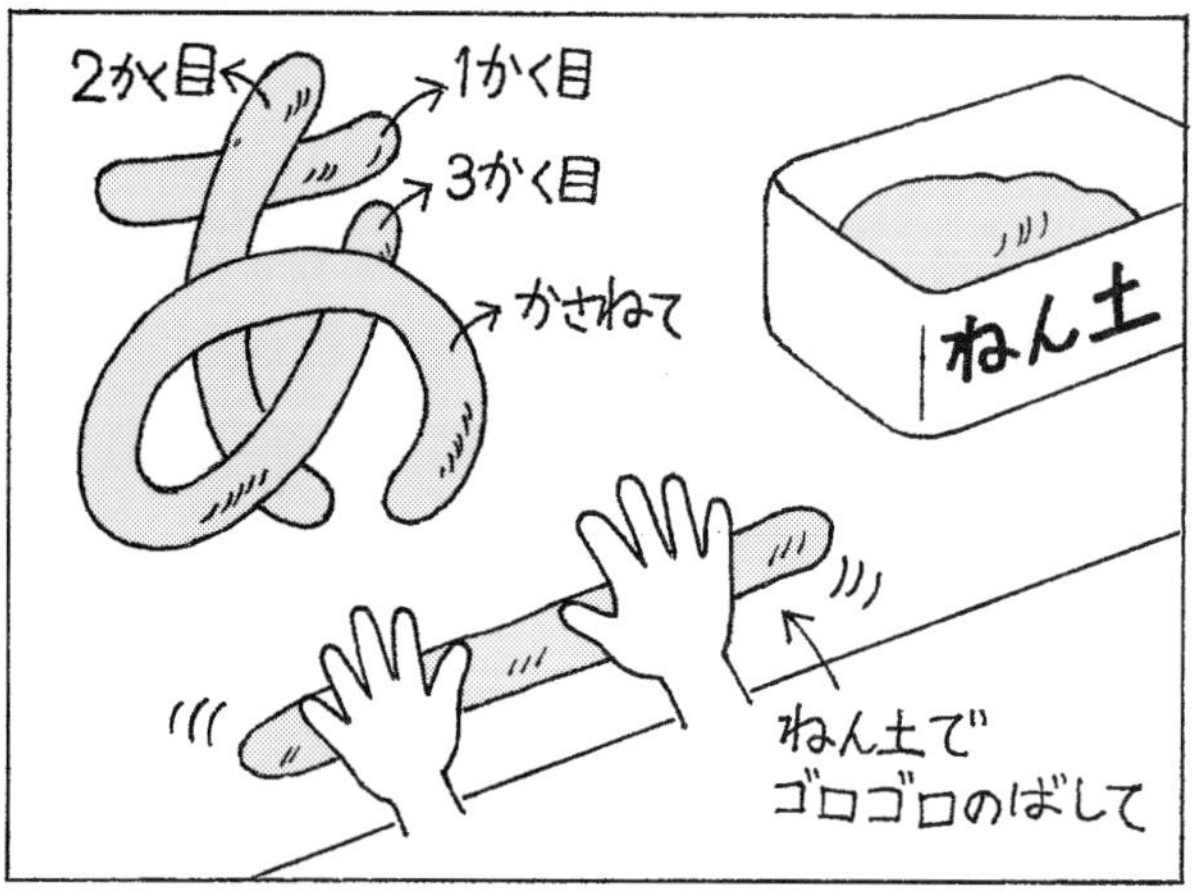

理科四コママンガ

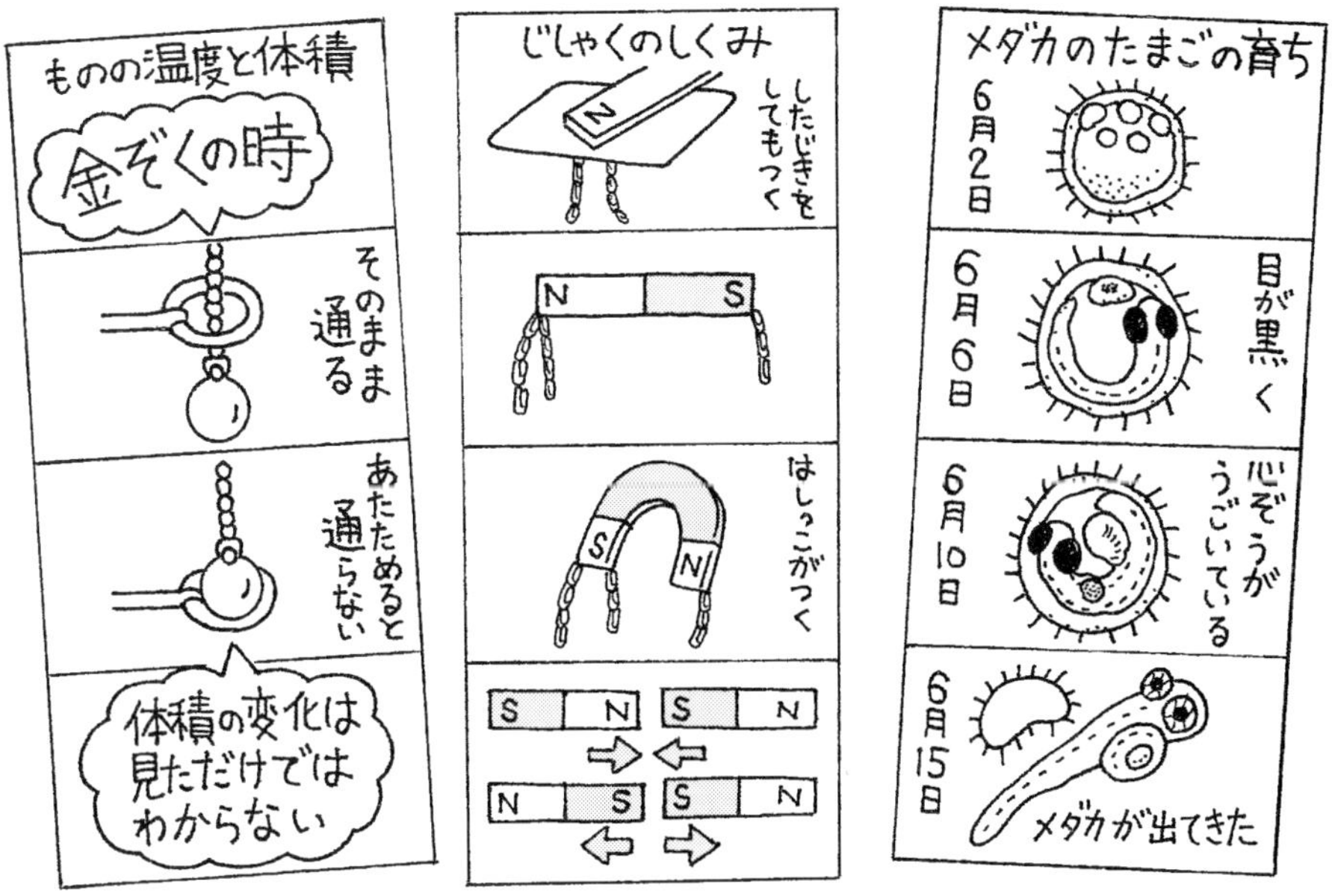

りくんでください。運動場でかくと楽しいですよ。子どもたちは、中心の棒を動かないように力いっぱい押さえたり、ひもが緩まないように引っ張たり工夫します。中心をそのままにして、いくつか大きな円がかけると大喜び！　その経験は、「円の中心」や「半径」「直径」の理解に役に立ちます。

③学校のマンホールを調べる

社会科で上水道の勉強をするとき、学校の水道の蛇口調べにとりくみますね。それが終わったら、下水道の勉強で学校のマンホール調べもやってみてください。学外の道路で調べるのは危険ですが、学校のなかにもいろいろな下水処理のふたがあります。事前に調べておいて、子どもたちと確かめましょう。ふたにはいろいろなことが書いてあるので、地面の下に、生活に必要ないろいろなものが通っていることがわかります。

④なんでも歌・なんでもダンス・なんでも絵

単元の終わりに、学んだ事を歌やダンスや絵でちょこっと表現するとおもしろいですよ。「都道府県暗記の歌」「平行四辺形公式のダンス」「理科実験４コマ漫画」など、得意な子に力を借りて、５分ぐらいでとりくむのがみそです。子どもたちには楽しく学ぶ才能があります。

受け身でない学び

「公式を使わずに円の面積を求めよう」という学習活動も盛り上がります。子どもたちは自分たちの力で円のおおよその面積を求めることができたことをとても誇りに思います。きっとそういう楽しさがエジプトの時代から数学を発展させてきたのでしょう。そう思うと学習活動って楽しいですね。

授業

板書①国語　教材の構造が見える

1時間の授業の流れが見え、教材の構造が目で見えるような板書の工夫をします。

「ごんぎつね」の最後の場面を例に

①作品の題と作者名を必ず書きます。

②前時の子どもたちの問題意識を紙に書いて貼り、提示して、導入にします。

③これが本時の課題なので、大きく目立つように板書します。

④子どもたちに音読させた後、「そのあくる日も」から、ごんの思いを発表させ、それを板書。子どもた「あきらめないで、あくる日も、ごんは、なんとかわかってほしいと思ってくりを持って行ってる」と発言すると、板書では「あきらめないで」と「なんとかわかって」と大事な言葉のみ拾います。

⑤兵十の目に映ったごんの挿絵をコピーして貼り、兵十が見ているように矢印で示し、読み取ったことを板書します。

⑥今まさに撃とうとしている兵十の挿絵を貼り、「兵十にみんなは今なんと言ってあげたいですか」と発問し、発表したことを板書して

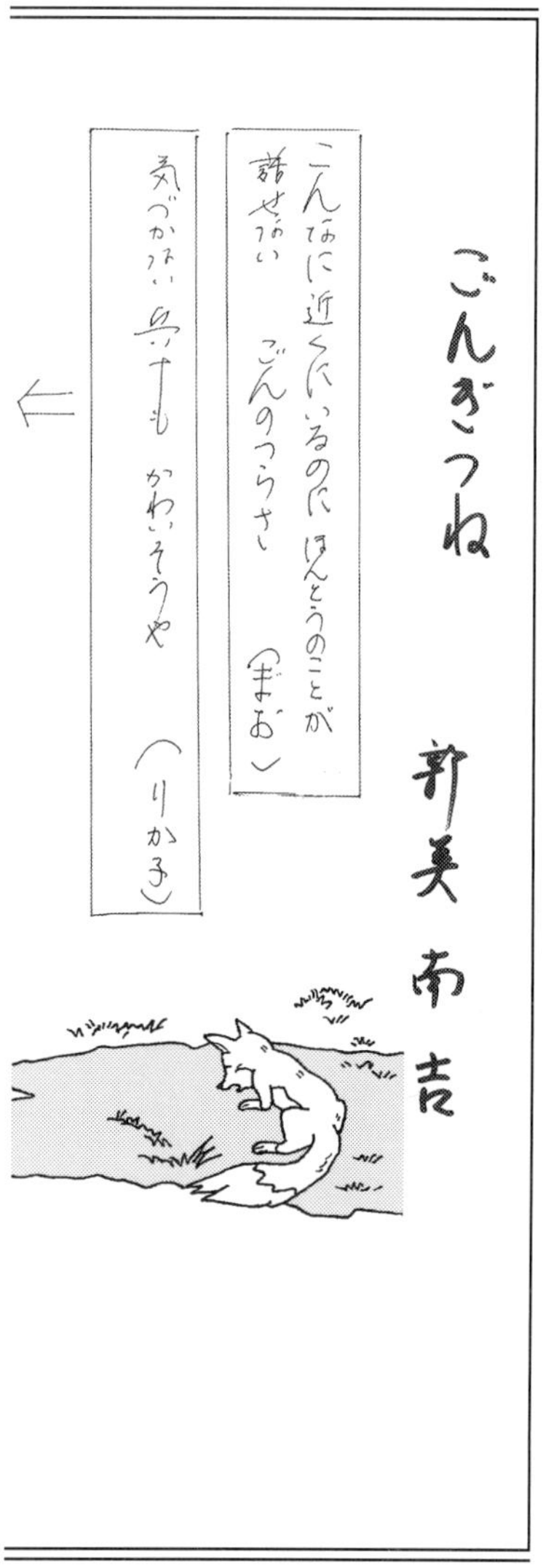
ごんぎつね
新美南吉
こんなに近くにいるのに ほんとうのことが話せない ごんのつらさ (まお)
気づかない兵十もかわいそうや (りか子)

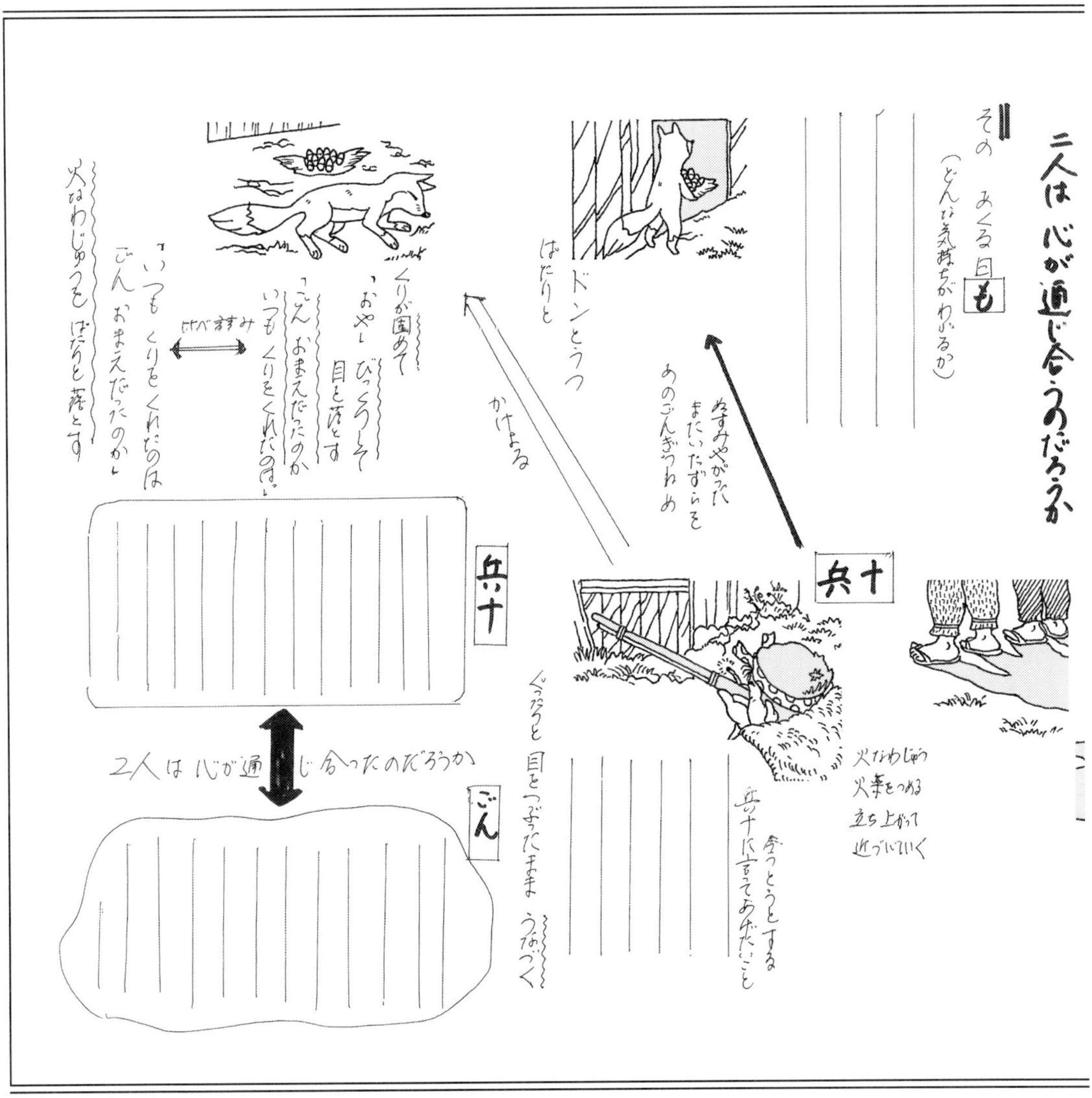
二人は心が通じ合うのだろうか
その あくる日も
（どんな気持ちがわかるか）
ドンとうつ
ばたりと
ぬすみやがった
またいたずらを
あのごんぎつねめ
兵十
火なわじゅう
火薬をつめる
立ち上がって
近づいていく
かけよる
くりが固めて
「おや」 びっくりして
目を落とす
「ごん おまえだったのか
いつも くりをくれたのは」
比べ読み
「いつも くりをくれたのは
ごん おまえだったのか」
火なわじゅうを ばたりと落とす
兵十
二人は 心が通じ合ったのだろうか
ごん
ぐったりと 目をつぶったまま うなずく
会おうとする
兵十に言ってあげたいこと

いきます。

⑦ドンと撃ってバタリと倒れたごん。挿絵を貼り替えます。

⑧駆け寄った兵十の目に映った「かためたくり」。びっくりして「ごん、おまえだったのか。いつもくりをくれたのは」とつぶやき銃をばたりと取り落とす兵十の気持ちを読み取り、板書していきます。

⑨「ぐったりと目をつぶったままうなずく」ごんの心のなかを読み取り、板書します。

⑩最後に、兵十とごんの二人の心は通じ合ったのだろうか、という本時の課題に迫る子どもたちの考えをまとめます。

次時への課題がわかる

授業の後、板書を見ると、一目瞭然に今日の学習の内容がわかります。次時へ課題が明確にわかる板書を工夫していきたいものです。

授業

板書②算数　みんなの考えがいかせる

「文章問題の解き方」「公式の考え方」など、子どもたちはいろいろ考えるけれど、それをどうやって板書したらいいのだろう…？　困ったことはありませんか。

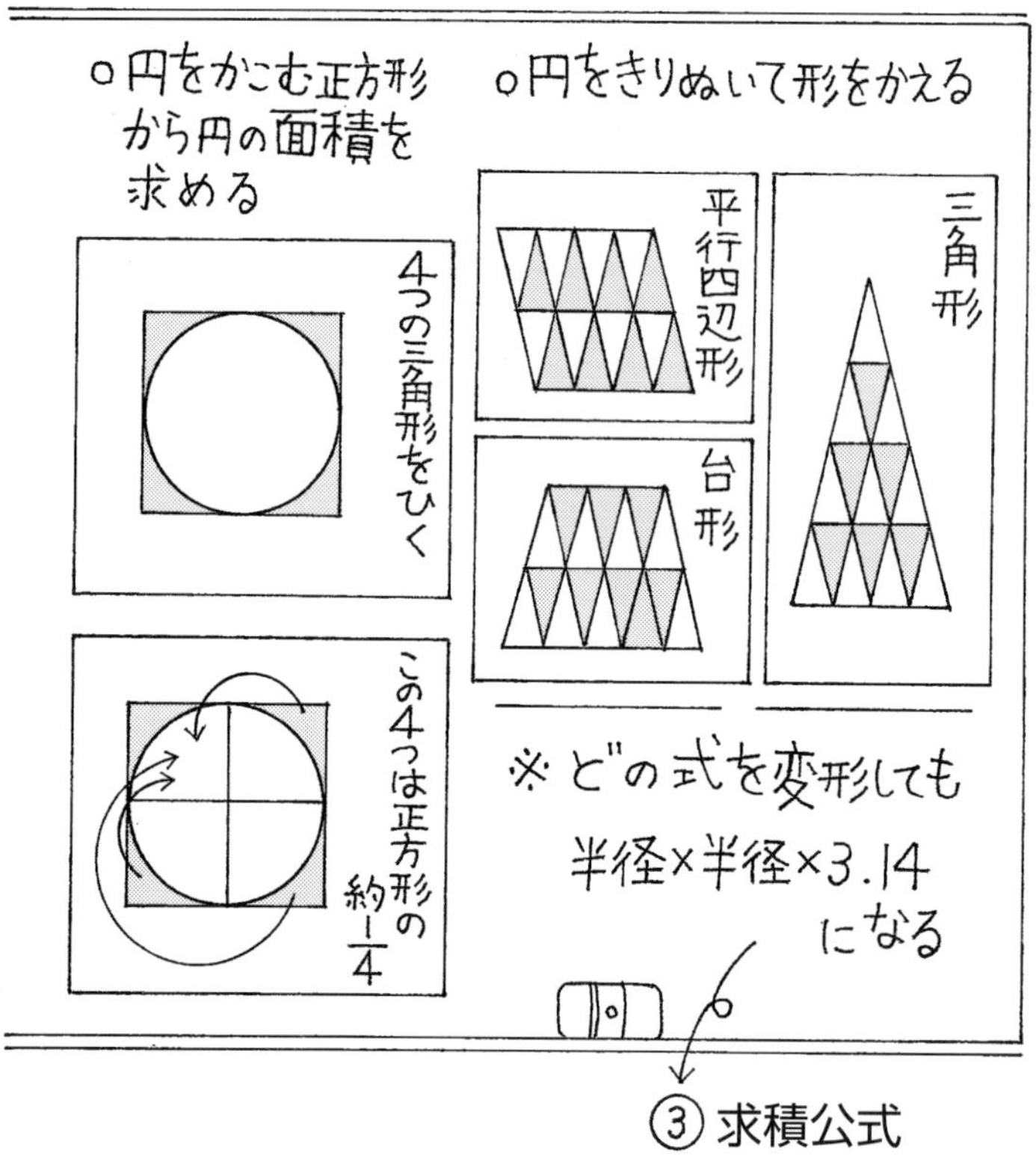
○円をかこむ正方形から円の面積を求める
4つの三角形をひく
この4つは正方形の約$\frac{1}{4}$
○円をきりぬいて形をかえる
平行四辺形
台形
三角形
※どの式を変形しても
半径×半径×3.14
になる
③求積公式

みんなの考えがいかせる

板書にはいろいろな機能があります。とくに算数の板書では「一つの問題にはいろいろな解き方がある」という学習を、板書によって一目で見ることができるというすばらしい活用ができます。ここでは6年生の円の面積の求め方についての板書を考えてみましょう。

①タイトルやめあてを書く

本時の学習のねらいを全員のものにします。算数活動や話し合い活動で焦点がずれそうなときにも

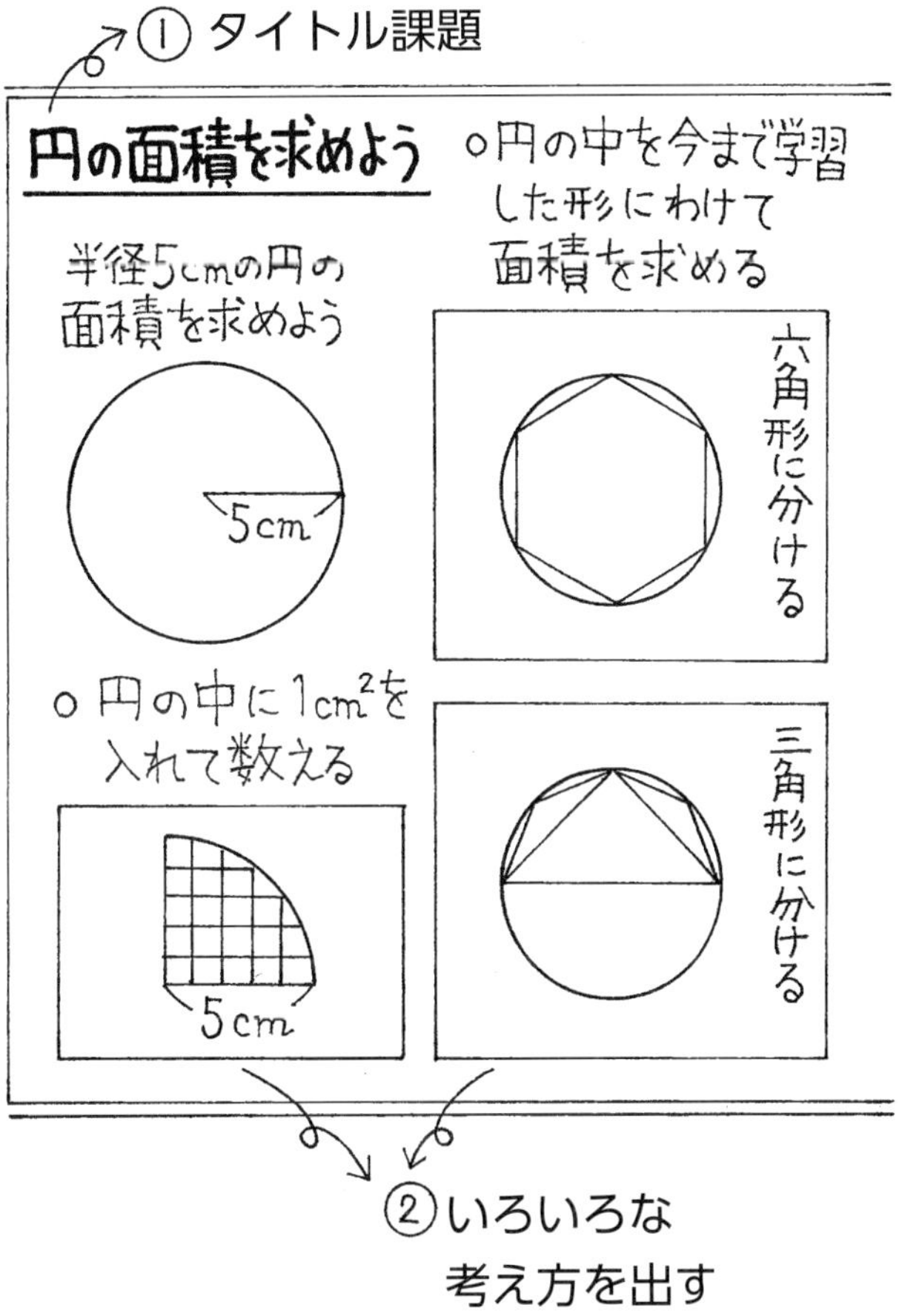
①タイトル課題
円の面積を求めよう
○円の中を今まで学習した形にわけて面積を求める
半径5cmの円の面積を求めよう
5cm
六角形に分ける
○円の中に1cm²を入れて数える
5cm
三角形に分ける
②いろいろな考え方を出す

戻れます。

②いろいろな解き方が一目で見える

班で話し合ったことなどの意見を交流するために。

・あらかじめ班や個人に太マジック（水性マジックは机に染みにくいです。色は統一しておいた方が見やすいです。）と直径10センチの円を印刷したA3の紙を渡しておく。

・話し合った解き方をマジックで大きく書く。

・黒板に子どもたちで貼りに来る。

※同じ考えのものを見つけるのも勉強なので、同じ考えのものは同じ場所に貼るよう声をかける。話し合って重ねて貼ると見やすい。

※子どもたちが思考しやすいように貼る場所を指示する。

※そして、いろいろな考えを交流し合う。話し合っていくとだいたいの面積の見当がつく。

③求積公式に結びつける

求積公式に結びつけるのは難しいので、教師がまとめるほうが理解しやすいです。

1時間の授業が一目で

「今までに学習したことをいかして、新しい学習にとりくもう」ということは学習指導要領のなかでも何度もいわれています。子どもたちは、たくさん知恵を出し合いながら、次のステップに結びつけていくことができます。1時間の授業を一目で見られるようまとめることで、子どもの理解はさらに深まっていきます。教師にとっても発見のある楽しい学習です。

授業

板書③社会　1時間の授業が見える

算数や国語に比べて、社会科の板書は苦手だと言う人は多いですね。社会科の板書は「書く」だけでなく、「発見する場所」として活用していくと楽しい授業になりますよ。

② 拡大カラーコピー
〈武士の生活〉
○まわりが堀やへいでかこまれている
○馬でくんれんしている人がいる
○門の上に見はりばんがいる
○田や畑をたがやしている人がいる
○農業を指導する人がいる
○貴族はあそび武士は訓練している
…
③ それぞれ見つけたこと

発見いっぱいの場として

社会科は、地図をはじめ資料をたくさん読み取りながら学習を進めることが多いですね。広い黒板には、いくつもの資料を貼りつけることができます。社会科の授業ではそのことをいかし、黒板に貼りつけた資料をみんなでじっくり読み取ったり、二つや三つの資料を比べたりすることで、発見がいっぱいの楽しい授業が工夫できます。

①資料の「拡大カラーコピー」

・子どもたちが使っている資料と同

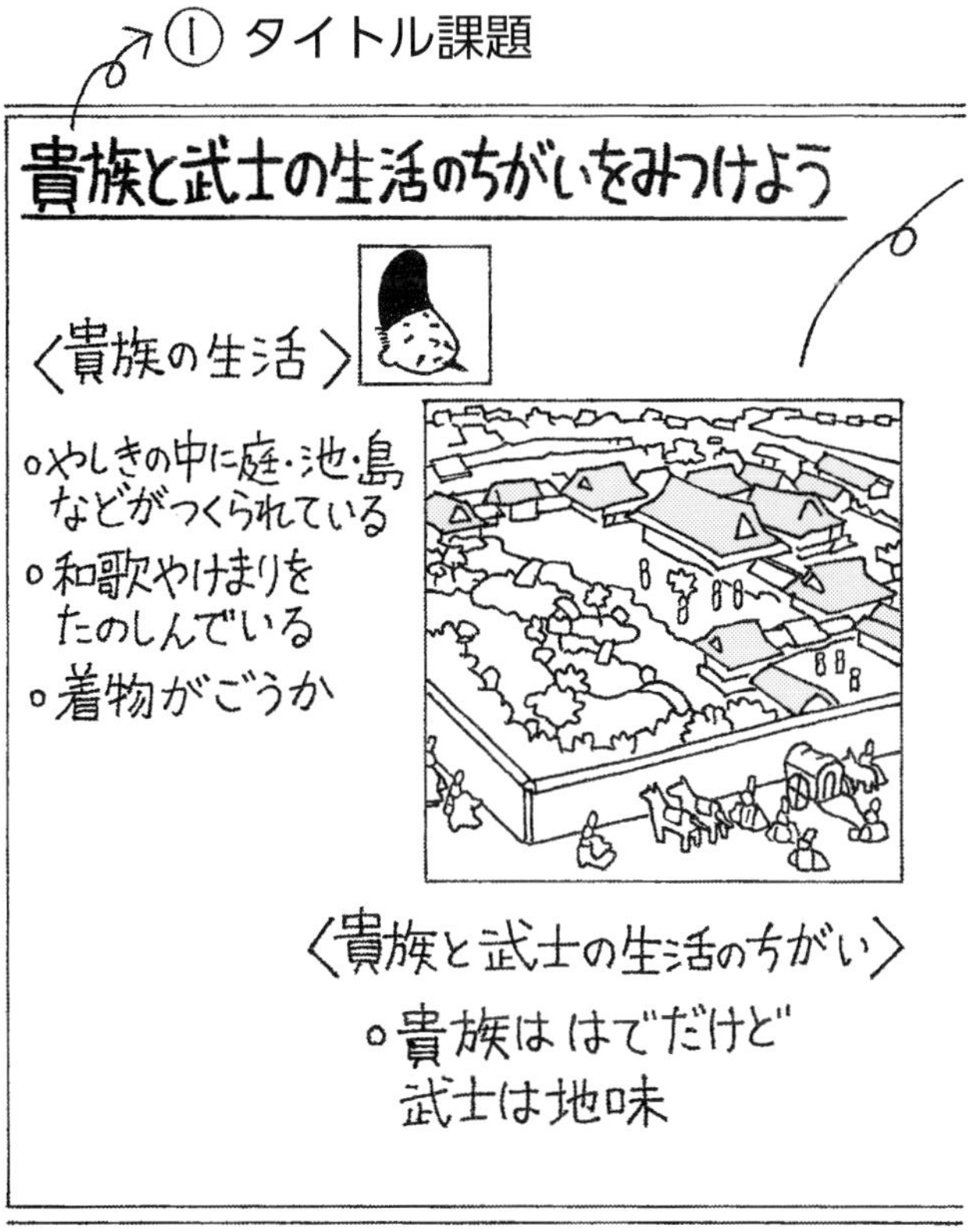
①タイトル課題
貴族と武士の生活のちがいをみつけよう
〈貴族の生活〉
○やしきの中に庭・池・島などがつくられている
○和歌やけまりをたのしんでいる
○着物がごうか
〈貴族と武士の生活のちがい〉
○貴族ははでだけど武士は地味

じものを「拡大カラーコピー」して黒板に貼るのがポイントです。資料の読み取りが苦手な子どもは、友だちといっしょに読み取ることで自分で発見する力をつけていきます。

・書画カメラを使って拡大し黒板に写す方法もありますが、映像ではなく「資料そのものが黒板に存在している」ということが子どもたちの理解をより深めます。

②二つの資料を比べて

二つの資料を並べて比べると、子どもたちは、学習の課題を自ら見つけることができます。

・小売店とスーパーの絵
・大工場と中小工場
・縄文時代と弥生時代
・貴族の時代と武士の時代

など、二つの資料を大きく拡大コピーしたものを黒板に貼り、みんなで見つけていきましょう。学習のポイントがしっかり押さえられます。

③6年生の歴史の授業を例に

(1) タイトルやめあてを書く↓今日の学習のねらいを全員のものにします。資料調べや話し合い活動で焦点がずれそうな時にも戻れるようにする。
(2)「貴族の生活の様子」と「武士の生活の様子」の資料を拡大コピーし黒板の真ん中に貼る。
(3) それぞれの資料を見て発見したことを班で話し合い、発表する。
(4) 資料のなかの気づいた所を丸で囲み、左右に書きこむ。
(5)「貴族の生活」と「武士の生活」の違いについてまとめる。

授業

地域の人たちとつくる授業…事例と留意点

授業は担任が教科書を使って教室でするものというイメージを持っていませんか。地域には、働きかければ力を貸してくださる人がたくさんおられます。

地域の力を借りる

保護者やPTAのOB、教師の知り合いなど、地域にはさまざまな専門家がおられます。話を聞いたり、実物・写真・映像などを見せてもらうことは、子どもたちにもっと深く学びたいと関心を高めるきっかけにもなります。

①昔遊びを教えてもらう

生活科や社会科で昔遊びを学習する単元があれば、子どもたちの祖父母や地域の高齢者の方に来ていただいて、こま・お手玉・おはじき・折り紙などの遊び方を教えていただきいっしょに遊びます。

子どもたちは人生の先輩への尊敬の気持ちを深め、毎年恒例になっていくと講師役の高齢者のみなさんも楽しみにして、教えたいことを準備されたりもします。

②校区のお店探検では

校区学習は、小グループで、何を見てくるか、何を質問するかなどの計画を立てて活動させます。そのためには、①事前に校区のお店にお願いに行く、②安全対策のため当日何か所かに保護者に立っていただくよう依頼する、は必須です。

子どもたちは、お店の人のやさしい言葉にうれしくなったり、いろいろな発見をしたりして、いきいきと報告してくれるでしょう。

③農業の取材をさせてもらうとき

地域学習や日本の農業の学習では、保護者や祖父母、なければ給食に使う野菜を作っている農家、地場野菜を作っている農家などに依頼します。放課後子どもたちの代表とビデオカメラを持って行って取材をさせてもらうか、近くなら全員で見学

事前
フェイス・トゥ・フェイスで依頼しよう
事前打ち合せはていねいに
下見は必ず行く
本番
気を配りつつにこやかに
教師も楽しもう
事後
お礼の手紙は必ず
子どもの感想をそえて

に行きます。事前の授業での学びが大切で、教師自身も問題意識をもって取材や見学をしないと子どもたちの学びは深まりません。

★　★　★

こうした授業は、子どもの発達段階や集中できる時間に合わせて教師がコーディネートをします。時間、教えてもらうことなどを事前に綿密な計画をたて、学年でとりくむ場合は、学年の教師全員と打ち合わせをしておくことが重要です。

一つのとりくみには、打ち合わせの時間も含め負担も結構あります。いいことだからとあれもこれもと増やすと、学校が忙しくなり、子どもたちも落ち着かなくなるので、全体のバランスを考えましょう。

また授業が終了した後には、協力くださった地域の人たちに、子どもの感想などを添えた報告と感謝の気持ちを必ず伝えましょう。

第5章
参観・懇談会

どうぞ
安心して

また
来たくなる

学年最初の
懇談会

保護者と
つくる

どうぞ安心して、参観・懇談を楽しんでください／また来たくなる親参加型の参観授業／三者サミット　親と子といっしょにすすめた授業／学年最初の懇談会／こんな懇談会なら行ってみたい／保護者とつくるこんな懇談会

今日は授業参観です!
おうちの人と一緒にびゅんびゅんごまを作りましょう!
お父さんが穴あけてやろうか?
やってやるよ
オレがする!
完成!
わぁー!
手と足でもできるぞ!
なつかしいなー
ぼくにもやらせて!
お父さんすごい!
あら…?

参観・懇談会

どうぞ安心して、参観・懇談を楽しんでください

参観・懇談のある日、教師は少し緊張して準備をします。保護者や子どもたちにはどんなふうに写っているのでしょうか。保護者や子どもの立場に立って配慮してみましょう。

子どもたち！参観日だけど安心して楽しくね

①掲示物や作品

全員分そろっているか必ずチェックしましょう。作品は痛んでいないか、作品に名札はついているか。

②机のなかと横のロッカー

前日までにみんなで整理しておきましょう。ついでにロッカーの上はきれいに拭いて。生き物の水はきれいか。植物は枯れていないか。

③忘れ物

参観授業中に忘れ物に気づくことがないように朝のうちに準備しておきましょう。

④授業中

保護者の方はわが子の様子に注目しています。発言だけでなく「ノートを書く」「話し合う」「操作活動をする」などいろいろな学習活動を入れ、多様な子どもの活躍の様子を見てもらいましょう。

⑤小さい学年は

必ずトイレに行っておくように声

メモ

- 1･2年生は、身づくろいのチェックも。オーバーコートを着たまま授業を受けていた…ということもありました。
- 「参観日に来てほしい親に限って来ない」…なんて思わない。言わない。

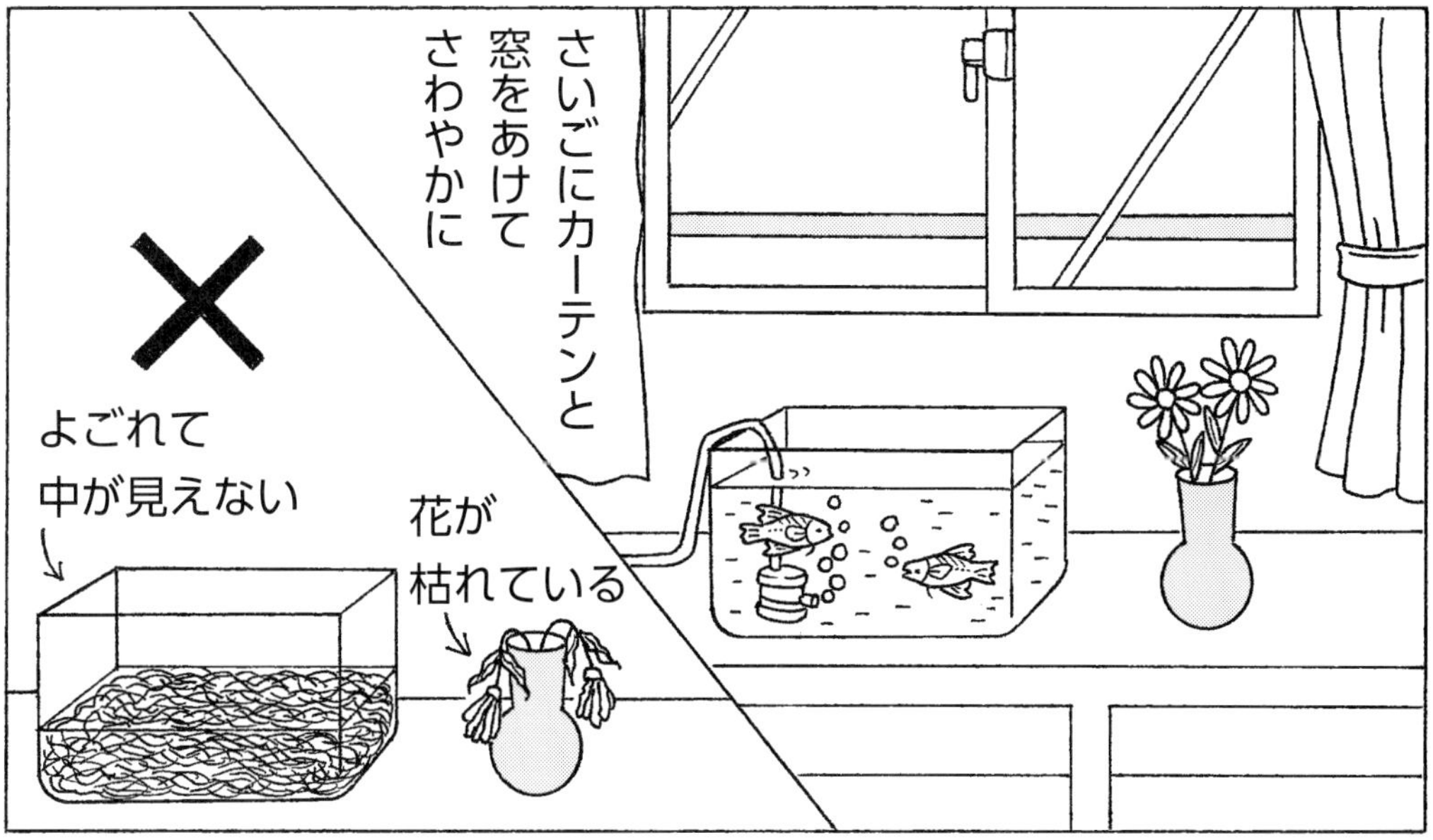
さいごにカーテンと
窓をあけて
さわやかに
×
よごれて
中が見えない
花が
枯れている

をかけておくことも大切です。

保護者のみなさん！どうぞ安心してご参加ください

いろいろな気持ちで参加されていることを受け止めることが大切です。参観だけで職場や家に急いで帰らないといけない人、仕事着のまま駆けつけた人、担任に伝えたいことがある人、懇談でしゃべりたくない人、わが子のことが心配でたまらない人、ママ友が一人もいない人…。どの保護者の思いも受け止めるのは難しいけれど「どうぞ安心してご参加ください」という気持ちを笑顔で伝えたいものです。

・意外に1時間の授業というのは後ろで見ているだけでは退屈なもの。授業のポイントや流れを書いたレジメがあるとよいです。授業に保護者も参加できる場面があると楽しくなります。

・子どもたちの座席表や、保護者の名札などがあると保護者同士仲よくなれます。

・懇談会では、子どもたちの成長してきたことや肯定面を具体的に。課題は、どうとりくんでいくか担任の課題として話します。子どもの個人名をあげるのを快く思わない人もいますので配慮します。また全員発言を強要せずに、意見の交流がしたいものです。

・懇談で出た要望は、必ずメモをするように。

・「何かありましたら、懇談会の後にどうぞ」と言って終わると、個人的な相談がしやすい。

・そして、参観に来ることができなかった人、来たくなかった人の思いも大切に。できれば参観懇談会のお礼と共に簡単な報告を出すとよいです。

参観・懇談会

また来たくなる親参加型の参観授業

参観や懇談会は親に見られる評価されると思うと苦痛で、ないほうがいいなと思っていませんか？　教師も楽しくなる参観授業をいくつか紹介しましょう。

子どもが喜び、親が楽しむ

子どもを真ん中に親といっしょに楽しい授業をつくることを考えると、参観授業がおもしろくなります。「えっ、そんなこと考えられません」という先生、具体例を書きますからやってみてください。親が楽しみ子どもの喜ぶ姿を見ると参観が苦痛ではなくなりますよ。

①親子で歌う音楽の授業

教科書に載っている歌に限らず、最近の歌でお母さんたちも知っている歌などをCDに合わせいっしょに歌うコーナーを授業のなかにつくってみませんか。低学年なら手遊び歌も楽しめます。

②親子ゲームでかけ算

1チーム（子ども5人、親も入れて10人＝親の数が少ないチームは子どもが2回する）で輪投げをします。あらかじめピンの点数を決め、どのピンに輪がいくつ入ったかを合計して競います。（左頁イラスト参照）

盛り上がります。「今日の参観楽しかったわ」という声が聞こえてきます。

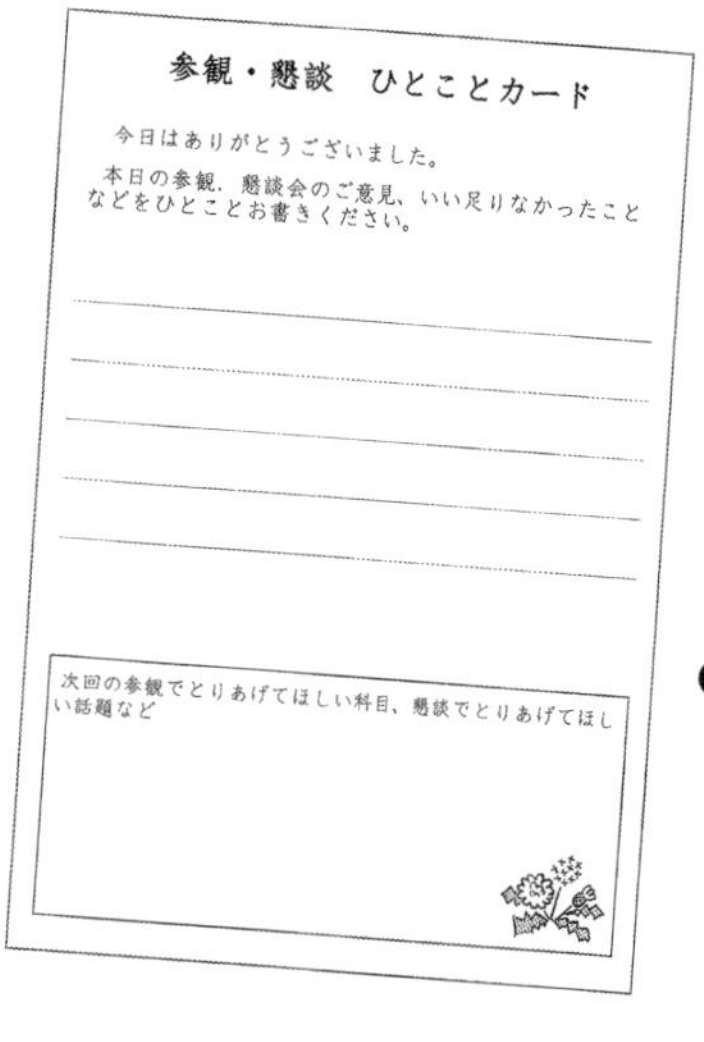

参観・懇談　ひとことカード

今日はありがとうございました。

本日の参観、懇談会のご意見、いい足りなかったことなどをひとことお書きください。

次回の参観でとりあげてほしい科目、懇談でとりあげてほしい話題など

●「たくさん書かないといけない」と思わせないように、B5の半分の大きさに印刷します。

何点のピンに輪がいくつ入ったかでかけ算
5×2＝10
8×1＝8
2×4＝8
7×1＝7
0×2＝0
合計33点

③国語で詩のかけ合い授業

その日の授業内容がどんなものであっても、導入に詩をいっしょに読むと、教室の空気があたたかくなります（最後にしてもよい）。谷川俊太郎の「きりなしうた」など最適です。

親と教師「しゅくだいはやくやりなさい」

子ども「おなかがすいてできないよ」

親と教師「ホットケーキをやけばいい」

子ども「こながないからやけません」

という調子で交互にやり合いますから、だんだんいつものけんかの調子で、教室にいきいきと活気が出てきます。「ああ楽しそう」と思うと、親は、わが子の学校生活にいっぺん安心します。

④親子学級会

日曜参観など参観が2時間あるときの1時間を親子学級会にするというのもあります。

お互いに好きなところと変えてほしいところを出し合うこともあります。「お父さんお母さんの子どもでよかった」「わが子に生まれてきてくれてよかった」を出し合ったときは、胸が熱くなり泣いている親もいたほどでした。

親といっしょにつくる2分の1成人式や、親子ドッチボールなど身体を動かすにも楽しいですね。

教育は親と二人三脚で

なんといっても教師が、参観が苦痛でなくなり、親が来てよかったと感じ、安心と信頼が届けられたら、親とともにつくる教育は実現していくのです。

参観・懇談会

三者サミット 親と子といっしょにすすめた授業

教育は、子どもを信頼し、保護者を信頼することがとても大切、…でもどうやって？　思い切って親と子どもといっしょにすすめた授業を紹介します。

①「お母さんに言いたいことがある」

2年生を担任したときのことです。学級会で話し合う題材を見つけるために教室に置いた「意見箱」に、あるとき、お母さんへの意見が書かれていました。これはおもしろそうだと思い、「お母さんに言いたいことがあるの？」とみんなにたずねると、子どもたちは「ある、ある」とそれはにぎやかに、山ほどの意見が出されました。

そこで、保護者もまきこんで「三者サミット」にとりくんでみようと考えたのです。

①保護者を信頼して率直に提案

保護者の合意が必要です。そこでPTAの学級委員に集まってもらい、子どもたちからお母さんたちに意見があるそうなので、授業参観で子どもと保護者と教師の三者による話し合いをしてみたい、と提案しました。

委員さんたちからは、それはおもしろいからぜひひと、むしろ積極的にとりくむ意欲を見せてくださいました。

メモ＊「意見箱」を置いてみると

意見から子どもたちの内面が見えてくる
- したいこと、楽しいとりくみ
- 困ったり、悩んだりしていること

子どもたちの要求から学級づくりができる。

三者サミット
やまだ
カラフルな名ふだ
名ふだ用紙を渡して本人に作ってもらうとユニークなものになる

② 「三者サミット」のとりくみ

当日までに子どもたちに「親に言いたいこと」というアンケートをとりました。そのアンケートでは「怒りすぎ」「勉強しなさいばかり言う」「小遣いがほしい」など、さまざまな願いが出されてきました。

当日は、教師がコーディネーター役。子どもからは「○○君のお母さんに言いたいんだけれど…」、お母さんからは「○○君のお母さんですけれど…」と発言がなされ、お小遣いのこと、親子関係のこと、放課後の生活のことなど、子どもたちはしっかり主張し、親も真剣に子どもの声を受け止め、決して感情的にならず主張するという形で、見事な話し合いが展開されました。

③ つづきは「家庭サミット」で

家に帰ってからも、それぞれの家庭で、子どもと保護者の間で話し合いがすすめられました。子どもたちは、「三者サミット」を通して、親に自分の意見を安心して言えることがわかったのでしょう。また、親御さんも子どもの意見に耳を傾けることを大切にしてくれたからでしょう。多くの家庭でいい話し合いができました、という感想が連絡帳に書かれました。

「参加」は保護者にも

子どもと保護者を信頼すればこうしたとりくみは、だれでも、どの学校でもできると思います。授業をはじめ、さまざまな場面で保護者といっしょにする機会を積み重ねたいものです。「参加したくなる授業」を子どもだけでなく保護者にも広げたいですね。

参観・懇談会

学年最初の懇談会

学級懇談会が近づいて気が重いなあと思っている先生はいませんか？　少し工夫するだけで、学年最初の懇談会から楽しくなります。次回も楽しみになるでしょう。

保護者の疑問に答え正しい情報を

巷では玉石混合の教育情報でいっぱい、保護者は「本当のところはどうなの？」と知りたがっています。とくに学年最初の懇談会では、保護者の疑問に真摯にこたえ、正しい情報を提供することに心をくだきます。何よりも保護者が参加してよかったと思えるものにしましょう。

①最初の懇談会で名札づくり

最初の懇談会から一工夫してみましょう。保護者のみなさんに自分で名ふだをつくってもらいます（下段参照）。「余白には好きなものを」と呼びかけると、楽しいイラストを描いてくださるお母さんもいらっしゃいます。手作業が場を和ませます。

②子どものよいところを

自己紹介はまず担任からします。保護者には、名前のほかに「お子さんのよいところを話してください」と言います。そうすると「うちの子にあるかしら」と言いながらも、必ず一つは話してくださいます。

名ふだづくり

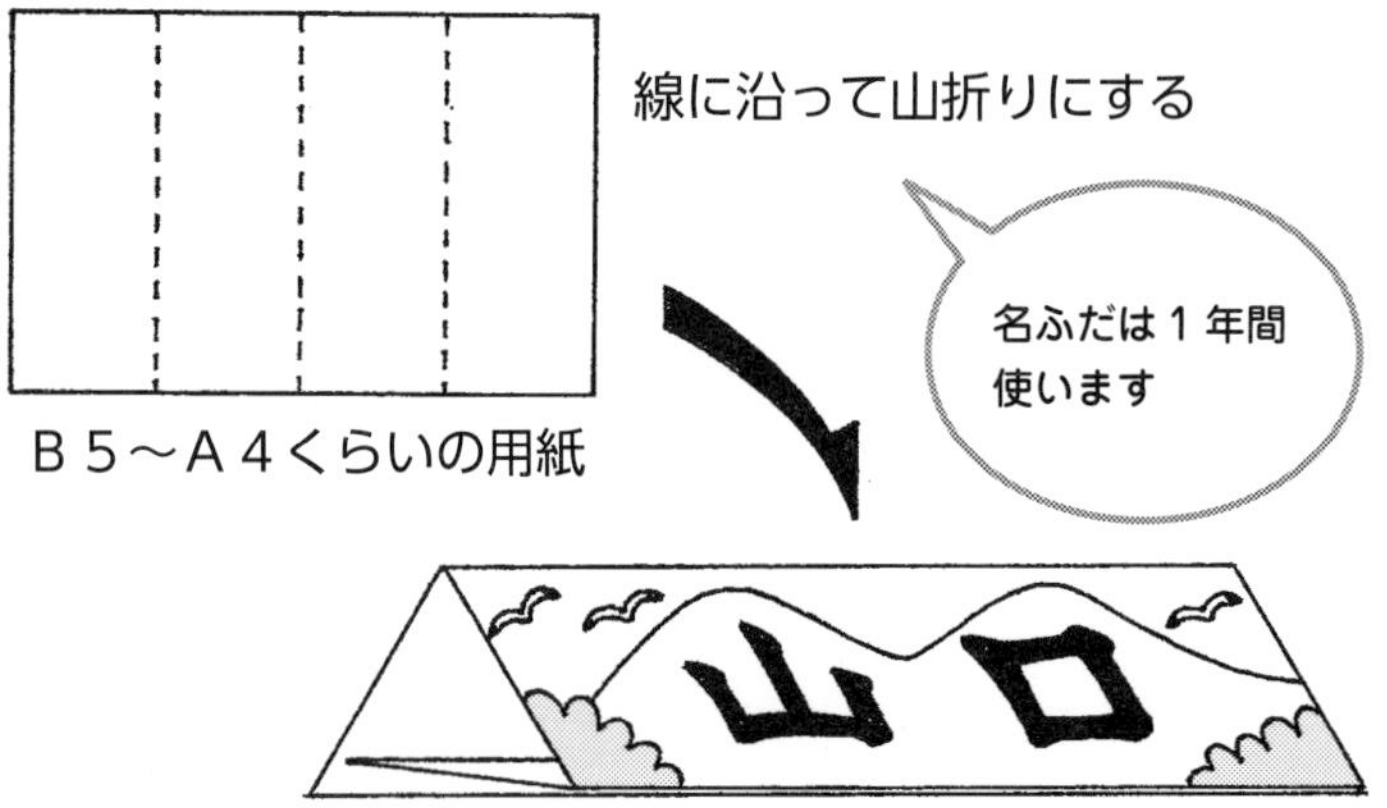
線に沿って山折りにする
名ふだは１年間使います
Ｂ５～Ａ４くらいの用紙
山口

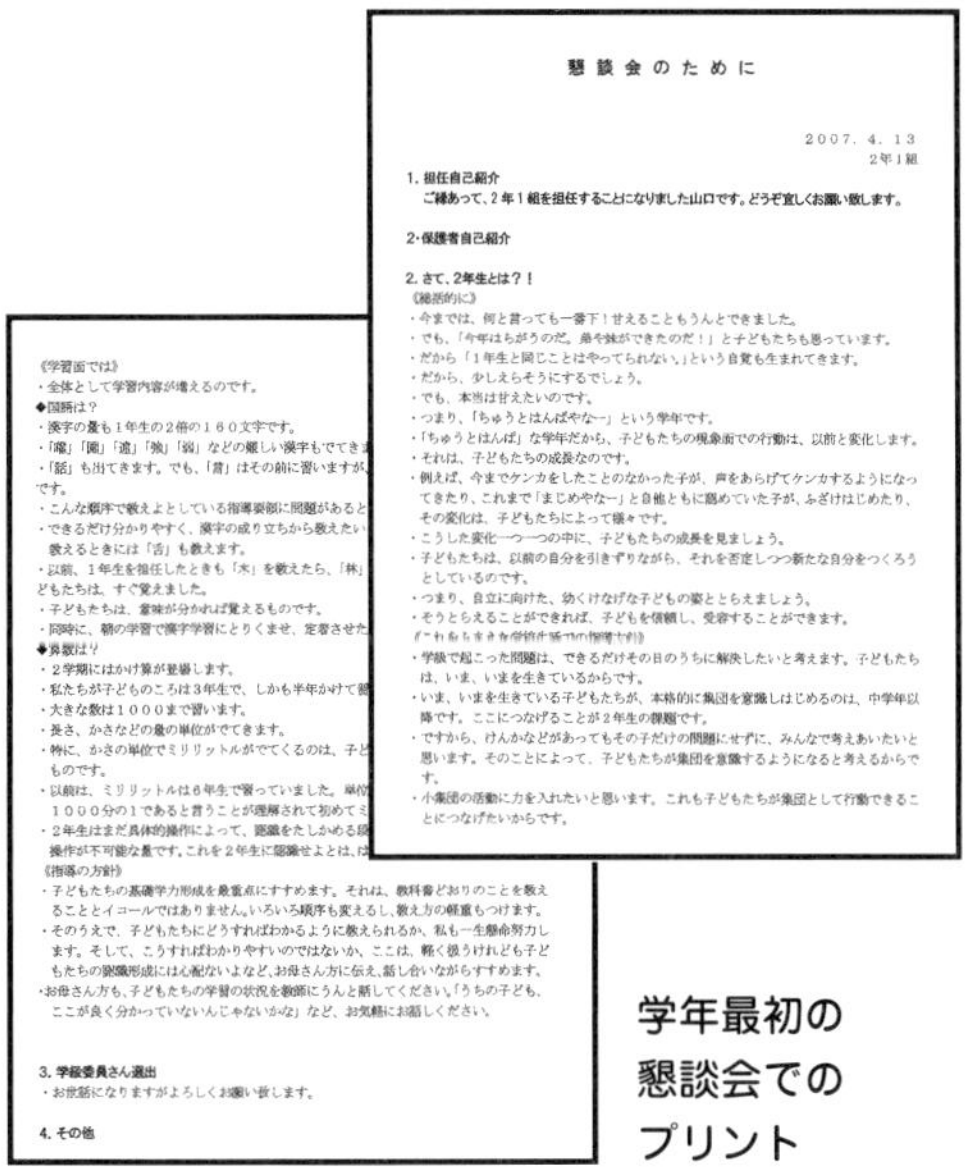

《学習面では》
・全体として学習内容が増えるのです。
◆国語は？
・漢字の量も１年生の２倍の１６０文字です。
・「職」「園」「遠」「強」「弱」などの難しい漢字もでてき
・「話」も出てきます。でも、「言」はその前に習いますが
です。
・こんな順序で教えよとしている指導要領に問題があると
・できるだけ分かりやすく、漢字の成り立ちから教えたい
教えるときには「舌」も教えます。
・以前、１年生を担任したときも「木」を教えたら、「林」
どもたちは、すぐ覚えました。
・子どもたちは、意味が分かれば覚えるものです。
・同時に、朝の学習で漢字学習にとりくませ、定着させた
◆算数は？
・２学期にはかけ算が登場します。
・私たちが子どものころは３年生で、しかも半年かけて
・大きな数は１０００まで習います。
・長さ、かさなどの量の単位がでてきます。
・特に、かさの単位でミリリットルがでてくるのは、子ど
ものです。
・以前は、ミリリットルは６年生で習っていました。単位
１０００分の１であると言うことが理解されて初めてミ
・２年生はまだ具体的操作によって、認識をたしかめる
操作が不可能な量です。これを２年生に認識せよとは、
《指導の方針》
・子どもたちの基礎学力形成を最重点にすすめます。それは、教科書どおりのことを教えることとイコールではありません。いろいろ順序も変えるし、教え方の軽重もつけます。
・そのうえで、子どもたちにどうすればわかるように教えられるか、私も一生懸命努力します。そして、こうすればわかりやすいのではないか、ここは、軽く扱うけれども子どもたちの認識形成には心配ないよなど、お母さん方に伝え、話し合いながらすすめます。
・お母さん方も、子どもたちの学習の状況を教師にうんと話してください。「うちの子ども、ここが良く分かっていないんじゃないかな」など、お気軽にお話しください。

3．学級委員さん選出
・お世話になりますがよろしくお願い致します。

4．その他

懇談会のために

2007．4．13
2年1組

1．担任自己紹介
ご縁あって、2年1組を担任することになりました山口です。どうぞ宜しくお願い致します。

2・保護者自己紹介

2．さて、2年生とは？！
《総括的に》
・今までは、何と言っても一番下！甘えることもうんとできました。
・でも、「今年はちがうのだ。弟や妹ができたのだ！」と子どもたちも思っています。
・だから「１年生と同じことはやってられない。」という自覚も生まれてきます。
・だから、少しえらそうにするでしょう。
・でも、本当は甘えたいのです。
・つまり、「ちゅうとはんぱやなー」という学年です。
・「ちゅうとはんぱ」な学年だから、子どもたちの現象面での行動は、以前と変化します。
・それは、子どもたちの成長なのです。
・例えば、今までケンカをしたことのなかった子が、声をあらげてケンカするようになってきたり、これまで「まじめやなー」と自他ともに認めていた子が、ふざけはじめたり、その変化は、子どもたちによって様々です。
・こうした変化一つ一つの中に、子どもたちの成長を見ましょう。
・子どもたちは、以前の自分を引きずりながら、それを否定しつつ新たな自分をつくろうとしているのです。
・つまり、自立に向けた、幼くけなげな子どもの姿ととらえましょう。
・そうとらえることができれば、子どもを信頼し、受容することができます。
・学級で起こった問題は、できるだけその日のうちに解決したいと考えます。子どもたちは、いま、いまを生きているからです。
・いま、いまを生きている子どもたちが、本格的に集団を意識しはじめるのは、中学年以降です。ここにつなげることが２年生の課題です。
・ですから、けんかなどがあってもその子だけの問題にせずに、みんなで考えあいたいと思います。そのことによって、子どもたちが集団を意識するようになると考えるからです。
・小集団の活動に力を入れたいと思います。これも子どもたちが集団として行動できることにつなげたいからです。

学年最初の
懇談会での
プリント

ある年には「うちの子は、私の誕生日に自分の体にリボンを巻きつけて、『私がプレゼントよ』と言ってきました」と話してくださったお母さんがいました。他のお母さんたちの間に「なんてステキなプレゼント」と共感が広がり、みなさん、わが子を見直す機会になりました。

③学年の特徴や学習内容のあらましを

教師からは、子どもたちにこんなふうに育ってほしいという願いや学級づくりの目標を話します。

このとき、学年の発達の特徴について話すことが大切です。高学年なら、①子どもたちは思春期前期の入り口にさしかかり、自立に向けた新しい動きをする、②それは一直線ではなく、依存しながら自立する、ジグザクである、③そのため親の支えがとても大切、などと話します。

そして、学年の学習内容のあらましを話します。

④しおりの力

懇談会には、あらかじめ「懇談会のために」という簡単なプリントを作成します。プリントの内容によって参加者も増えます。プリントは遅くても授業参観の前には配布します。欠席された保護者に子どもを通してプリントを届け、懇談会で話された中身を知ってもらえるようにします。

「保護者とともに」のスタンスで

懇談会は、保護者といっしょに子どもの成長を直接確かめあえ、いっしょに喜びあえる場です。いっしょにすすめるというスタンスで教師も懇談会を楽しみましょう。

参観・懇談会

こんな懇談会なら行ってみたい

懇談会の参加が少ない、とりわけ話したい子どもの保護者は来ない、いっそのことなければいいのに…、と思っていませんか。

保護者は嫌がっているの？

参観授業の後、みんなが帰るから残りにくい、行ってもおもしろくない、わが子がみんなに迷惑をかけているから出にくい…、保護者はそんなふうに思っているように見えるかもしれませんが、本当は、困っている子育ての話もみなさんに聞いてみたいし、親同士仲良くなれたらうれしいのになあと、願っているのです。

①アンケートをとってみると

保護者は何を話し合いたいと思っているのか、声を聞くことは大切です。多かったのは、家庭でできる学力のつく応援の仕方、わが子の友だち関係、いじめ問題、けんか・トラブル、親子関係、学習塾や習い事などでした。

②楽しいとりくみの工夫

家庭訪問で見つけたフィルムケースで作る一輪挿しや人形のしおりの作り方、子どもに読み聞かせたい本の紹介、1年生では子どもの作品集をみんなで作成したこともありました。ワイワイ楽しい作業をしながら、子育ての悩みも話し合い仲良くなっていくのです。

メ モ＊懇談会でよみたい子育てが楽しくなる本

拙著『子育てがおもしろくなる話』『子どものまなざし』（日本機関誌出版センター）は一つの話がＢ４になるので、印刷して懇談会で読み合わせするのに最適です。

にじだより
とさ学級 3年 学級だより
4月30日
NO.22

さんかん日
ありがとう

お忙しい中、たくさん来てくださって元気もらいました！

おうちの方も参加してくださった詩の授業、楽しく、私も感激しました。

「やさしくかたをだいて」のところで親子でやってくださった山口さん なんだかホロリ。

「さあおとび」西野くんのお母さんのハリのある声に元気づけられましたよね。


授業楽しく、のびのびしていたと たくさんの感想。

こんだん会も24人もの方が残ってくださって、この三年生が、どれだけ大切な学年かを学びました。親として心がけたいことなど（プリント参。欠席の方にもお届けします）

打てばひびく
感想やご意見届けてくださって
励みになります

■楽しい授業で、子どもたちが明るくのびのびのびしていて、見ている親まで子どもになった気持ちでした。仕事休んで行ったかいがありました

■約一ヶ月がたち 初めての参観日。自分から手をあげて答えてくれてびっくりしました。こんなに成長した子どもの姿を見れるとは思ってもみなかったです。でも、やはり私と目が合うと下を向いて顔をさわってましたが、こんだん会 思わず「そうそう」とつぶやきかけました。

■途中で授業を校長先生が見に来られ 私の授業に登場させてあげて、ほほえましく、安心しました。
お母さんも参加する参観の授業を初めて見て びっくりしましたが、先生と親がいっしょにという感じで 私は、うれしかったです。またしてください。

■こんだん会に残り、先生が子どもが花びんを割ったときの対処の仕方を聞き、今の私には、少しゆとりがないのと反省しました。
上の子の三年生のときまでは、専業主婦で、宿題もよく見て、けっこう目を配っていたのに……この子には、もう少し気をつけてやらねばと思いました。パートに出て4時に帰宅 そんな日々が一年続いています。しっかりしっかりせかしていたんでしょうね。

「ほんとに私もです。でもこうして忙しい中 ふと わが子育てをふり返るのがすてきですよね。この一年いろいろ本音で話し合いたいですね。」

■参観に行っても なかなか手をあげてくれない娘。今日も 上を向いては、首をさわり…… 自信がないのか 恥ずかしいのか。でも私としては おもしろく かわいらしい姿です。

「そんなふうに受け止めてくださる母ちゃんがいいなあ。

小島の心の中をノートに「わくわく ドキドキでも大丈夫かなと思った」と書いていました。恥ずかしがりだからこそ、小島の心がわかる ゆきちゃんですよ。

実は、私も小3生のときは、自分から手もあげない子でしたよ。大丈夫！」

次回→
5月は家庭訪問、6月またこんだん会があります。「学力をつけるために親にできること」のテーマです。来てくださいね。

学級通信に参観の様子や保護者の感想を載せて、来られなかった保護者にも内容を伝える

③たくさん来ていただくには

次回の懇談会の内容を事前に早めに知らせること。来てほしい保護者には仲のよい保護者に誘っていただく手を打つこともします。

来れなかった人のために、どんなことをして、どんな話し合いをしたのかを紹介し、参加者の感想も学級通信に載せます。そんないい会だったのなら、次回はぜひとも行きたいと思っていただけるように。

④会の運営、こんなことを心がけたい

・毎回お互いの名前がわかる名前カード（122ページ参照）を机の上に置き、名前を覚えていただく。

・一人ひとりの保護者に、最近の子どもの様子からちょっとうれしい話を届けます。ときには作文を読むこともします。

・教師の愚痴や親を責めるような話になると、親は引いてしまって、また来ようとは思いません。しかし学級の気になる問題をいっしょに考え、知恵を貸してほしいと訴えることはします。

・一人二人の親が長く話して、他の保護者の出番を失わないように。

・親から出た質問や相談に教師が答えなくてはと焦らない。「みなさんも同じような悩みはありますか」と返したら、いるいる、みんな同じと、まずは場が安心した空気に。次に「どうしたらよいでしょうか？」とみなさんの知恵を出し合ってもらうことです。

・ときには、子育てについて学ぶ内容も必要です。子育てに関する本から、すてきだな思う部分を読み合ってみるのもよいと思います。

★

★

★

保護者と教師がなかよく信頼関係にあるクラスは、子どもが安心して生活し、いきいき学びます。

参観・懇談会

保護者とつくるこんな懇談会

教室で座って話し合う学級懇談会も大切ですが、学級委員のお母さんたちの力を借りて、こんな内容の懇談会はいかがでしょう？

好評だった懇談会

学級懇談会には、少しでも多くの保護者に参加してほしい、どうすれば参加者が増えるかを、担任一人で悩むより学級委員さんと話し合ってみてはどうでしょう。好評だった子ども参加の懇談会の例を紹介します。

①子どものおやつ作り

塩分や糖分、脂肪の多い市販のおやつより簡単に手作りできるおやつを知りたいと、学級委員さんがわらびもちの作り方を調べてレシピを書いてくれました。当日わらびもちを作って食べながら、子どもたちの食についての話し合いました。

②算数教え方教室

「算数の宿題をどう教えていいかわからない」という声を学級委員さんから伝えられたので、子どもたちがつまずきやすい単元を教えているときにひらきました。

たとえば、くり上がりくり下がりの計算ではブロックなどの教具の使い方、筆算の場合では補助数字の説明しました。

メモ＊人間イスとりゲーム

たまには、他人の子も抱いてみると…
親たちのひざを使ってイスとりゲームをします。ひざにとび乗ってくる子どもがかわいい！
教室での懇談会にいかがでしょう。
※１年生が最適

こうした懇談会であれば……
うちの子楽しそうだわ
Aくん
乱暴な子だと聞いていたけど
子どもらしい元気な子ネ

③親子ドッチボール

参観の授業でする場合もありますが、参観が終わってから少しの時間、子どもも残って保護者といっしょに体を動かします。大人対子どものドッチボールでは、子どもは大人をアウトにできると大喜びです。大人も手加減もしながら、ときには本気で投げて、それを子どもが受けられると拍手がわきます。

大縄跳びや綱ひきなどは簡単に楽しめます。大人の準備運動はとくに念入りに。

④親子でミニ運動会

学級委員さんと、子ども参加のミニ運動会の種目を考えました。二人三脚やボール運び、パン食い競争や飴食い競争など楽しい種目になりました。玉入れは保護者の方が懐かしくて熱が入っていました。保護者が参加できない子どもへの配慮も考えておきましょう。

保護者のつながりのきっかけになる懇談会

参観後の懇談会に子どもも残って、親子いっしょに活動をするのは難しいという学校は、1年に1回だけでも学級懇談会を親子交流の懇談会にしてもらうように提案するなどしてとりくんでみてください。そんなときは、学級委員さんに相談し、お母さんパワーを借りてすすめるとよいでしょう。

保護者とつくる懇談会は、教師一人が考えたり準備したりするより数倍バラエティーに富み、保護者のニーズにも応えることができます。また、こうした懇談会は、孤立しがちな保護者のつながりのきっかけにもなります。

保護者と仲良くなるヒケツ

1

保護者はモンスターではない。教師と仲良くなりたいと願っている。

2

一番のヒケツは、「子どもが先生好きよ」と言っているなら、保護者は安心して、教師を信頼する。

3

保護者は、子育てに心配・不安を抱えている。話を聴いてほしいのだ。教師に激しい勢いで抗議してきても、話を聴いてあげるとわかり合える。

4

子どものがんばったことやうれしい話を、連絡帳や電話で届ける。

5

教師自身が素を出して、「指導する」などと力まず「力を貸してください（助けてください）」と保護者をたよりにする。

あー
間に合わなかった
保護者にもいろいろな思いがある。
うちの子
まだ一度も
発表してない～
ママ友が
一人もいないの～
いつも
ごそごそ
ばかりして！
○○ちゃんも
がんばってるね

教師も緊張する授業参観ですが、子どものようす以外にも、保護者のようすにも気を配ってみましょう。さまざまな思いがあることが見て取れるでしょう。

まとめにかえて―久田敏彦

希望にあふれる授業をつくる

評価づけから希望の紡ぎ合いへ

「授業をどうつくったらよいのか」
「自分の授業で大丈夫なのだろうか」

今、増えつつある若い教師から聴こえてくる疑問や不安です。この疑問や不安を解消するためにてっとり早く活用されるのが、授業評価基準です。なにしろ教師は多忙を極めていますし、自分の評価にもかかわってくるからです。しかし、評価基準だけに縛られる授業は貧困にならざるをえません。それだけに教師のさきの不安はいっそう募るばかりとなっています。

一方、子どもは、「学力」向上に縛られています。その結果は、たとえば、点数向上でストレスをため込んで「荒れ」る、「できる」「できない」のは自己責任だとつぶやく、「わっからーん」の連発で学習を端から諦めてしまう、まちがうことに恐怖心をもつ、などとして現れてきます。机に向かえば向かうほど「生きづらさ」が増すことになるわけです。

けれども、教師は不安を抱えているだけではありません。子どもは「生きづらさ」を感じているだけではありません。じつはその裏には、だからこそ、「わかった」「楽しかった」といえる学びや授業への希望が渦巻いています。保護者もまたそう望んでいます。評価づけから抜け出て、そうした希望を紡ぎ合う授業づくりが、今、求められているのです。

希望の授業づくりの視点

　授業は、多くの構成要素から成る大変に複雑な実践過程です。教科内容と教材を研究し、目の前の子どもと学習集団の現状を理解して、その双方をつなぎ、指導行為・学習活動・方法・形態を中心に授業の過程を構想して、実際の授業のなかで子どもたちの応答に即して臨機応変に対応する、というのが授業一般の日常です。しかし、問題は、その先にあります。具体的にどんな視点をもって構想・実践すればよいかが問われるのです。本書からその主なポイントをすくいだしてみましょう。

　①教材研究では、得意教科を見つけ出し、教科書を一通り読んで配列を考え、指導書だけに頼らずに、子どもと学んでみたい教材や、生活現実と結ぶ教材をつくる。

　②子ども理解では、子どもが暮らす地域や家庭とつなげて理解し、子どもの言動にはわけがあるという観点から、授業のなかでもそのわけを発見したり心の声を聴く。

　③学習集団にかかわっては、日頃の学級づくりで、たとえば「雑談」のなかで子どもの声を聴いたり、日記や作文をとおしてつながり合う心地よさを育てたりして、子どもとの関係、子どもどうしの関係をつくり出して授業の土台にする。授業でも「わかりません」や疑問やまちがいを大切にし、発言を受けとめ、つなげることで学ぶ集団を育てる。

　④授業のプロセスでは、意外性があり新しい発見がみつかる導入や、子どもの問題意識や疑問を大切にした導入からはじまり、ヤマ場ではいろいろな考えが出てくる発問を投げかけ子どもといっしょに考えるように展開する、そのなかで、一斉・個人・

ペア・グループの学習形態や身体を使った活動も採り入れ、指導案だけではなく子どもに向かい合って③でみたようにかかわる。

⑤教材の構造やさまざまな子どもの意見や学びのプロセスが見える板書にする。

⑥授業成立の条件にかかわっては、掲示、黒板、道具箱、時間管理、忘れ物、宿題などを、子どもからの見え方、生活の術、子どもの自立・自律という視点で工夫・指導する。

本書にはこれらが具体的に述べられています。しかも、視点だけではなくベテラン教師の技（わざ）も満載です。

若い教師もベテランに

ベテラン教師のわざは授業観とともに学ばれてこそ生きます。あれこれの断片的なテクニックを学んでもなかなか授業力とはなりません。本書は、わざを通して授業観を知る、授業観をわざに砕く、という趣旨で編まれています。とくに、授業づくりの主体は教師だけではなく子どももまたそうだということを大切にして、教師と子どもの、そして子どもたちの間の、ときには地域や保護者までを含めた「呼びかけと応答」を軸に共同でつくるという授業観を一貫させています。是非、わざと授業観を結びつけて実践してみてください。そうすると、あなたもベテラン教師になれるでしょう。

単なる経験年数の蓄積は、ベテランたるための保証ではありません。だから、若い教師もベテランになれます。そのためには、まず実践し、そして実践のなかと後で振り返りながら次の見通しを明らかにするという「省察」が必要です。しかも、同僚教師と共に省察し合えばもっと授業力が身につきます。何を省察するかの道しるべとして本書をぜひとも活用していただければ幸いです。

5

Q 声が出にくい、出ない

A 声の出し方には工夫がいります。遠くにとばすように声を出しましょう。こうすると喉に無理な力がかかりません。喉が疲れた、声が出にくいと思ったら休日は声を出さない、話さないようにします。カラオケは厳禁です。

6

Q 授業以外にもたくさんの仕事！ためないようにしたい

A 優先順を決めましょう。締め切りのある仕事を先にするのがいいでしょう。また気が重たい仕事ほど早くすませるようにします。そうしないと長い間そのことが頭の中にあって気が晴れず、他の仕事にも影響してしまいます。

7

Q 仕事がたまってしまったら

A いつもていねいに仕事をしているのですね。たとえば日記のコメントを短くしたり、はんこやシールを使ったりして思いを伝えることもできます。

8

Q 保護者にメールアドレスを教えてほしいと言われたが

A 担任の電話番号やメールアドレスを教えないのが原則です。教えなくても失礼にはなりません。学校の電話を活用しましょう。

9

Q これはパワハラ？　セクハラ？と思ったときはどうしたら？

A まずは同年代の友人に相談してみましょう。スクールカウンセラーに話を聞いてもらうのもいいでしょう。あなたの学校の状況を知っているうえで助言してくれます。また学校や教育委員会にはそういう問題を扱う相談窓口があります。

10

Q 教師の仕事を辞めたいと思ったら

A だれでも一度は思うことです。その思いをためこまずに人に話してみましょう。たとえば若い同僚や他の職場の人に聞いてもらうだけでずいぶん違いますよ。

【付録資料】

困ったこと・とき Q＆A10

よくわかった、できてうれしかった、たのしかった、もっと知りたい…

授業の後で子どもたちからこんなつぶやきが聞こえたとき、教師としてやりがいを感じます。

そんな授業をつくっていくうえで遭遇するいろいろな困りごと、そのいくつかをあげて、解決の糸口を考えてみました。

1

Q 教具をつくりたいけれど、材料費はどこから？

A 自分で立て替える前に、学年の先生や事務の先生に相談してみてください。材料が用意されていたり、すでに教具があったりする場合があります。

2

Q 市や県主催の研修会の内容をうまく活用したい

A 忙しい時間をやりくりして参加する研修です。研修の中から実践にいかせることを見つけましょう。また同年代の教師と実践の交流をするのも楽しいですね。

3

Q 教材研究をしたいが、本屋さんが見つからない

A 大型書店では教育書を比較的そろえていて、特に新学期シーズンは充実しています。教育書専門店の清風堂書店が作成する「ブックナビ」は約２千冊の教育書が掲載されています（無料）。P.44 参照

4

Q 歯医者に行きたいけど、時間がない

A １時間ごとの時間休暇がとれます。子どもたちには早めの治療を指導する教師も、自分のこととなると後まわしにしがち。虫歯だけでなく健康全般に気をくばることは基本です。時間休暇制度を利用して早く治療を受けましょう。

＊監修者＊

久田 敏彦（ひさだ・としひこ）
大阪教育大学名誉教授
教育方法学

＊編著者＊

上野山 小百合（うえのやま・さゆり）
大阪府小学校教諭
体育同志会

甲斐 真知子（かい・まちこ）
相愛大学講師
元大阪府小学校教諭

土佐 いく子（とさ・いくこ）
大阪大学・和歌山大学講師
元大阪市小学校教諭、なにわ作文の会

山口 妙子（やまぐち・たえこ）
泉州看護専門学校講師
元大阪府小学校教諭

どの子も参加したくなる　希望の授業づくり　小学校

2014年4月20日　初版　第1刷発行

監　修　久田 敏彦
編著者　上野山 小百合・甲斐 真知子・土佐 いく子・山口 妙子
発行者　面屋 龍延
発行所　フォーラム・A

〒530-0056　大阪市北区兎我野町 15-13
電話　(06) 6365-5606
FAX　(06) 6365-5607
振替　00970-3-127184

制作編集担当・矢田智子

カバーデザイン—(株) ジャパンシステムアート／章扉マンガ—BOM・かたおかともこ
イラスト—BOM・きくちまさこ・貴地邦公彦・斉木のりこ・竹内永理亜
編集協力・DTP—堤谷孝人／印刷—(株) 関西共同印刷所／製本—立花製本

ISBN978-4-89428-854-6　C0037